大先生教你写作文

写作杂谈

朱自清 著

人民文学出版社

图书在版编目(CIP)数据

写作杂谈/朱自清著. —北京：人民文学出版社，
2023(2025.10重印)
(大先生教你写作文)
ISBN 978-7-02-018250-3

Ⅰ.①写… Ⅱ.①朱… Ⅲ.①作文课-中学-教学参考资料 Ⅳ.①G634.343

中国国家版本馆CIP数据核字(2023)第176865号

责任编辑 **李 娜 邱小群**
封面设计 **钱 珺**

出版发行 **人民文学出版社**
社　　址 **北京市朝内大街166号**
邮政编码 **100705**

印　　刷 **杭州钱江彩色印务有限公司**
经　　销 **全国新华书店等**

字　　数 **83千字**
开　　本 **890毫米×1240毫米 1/32**
印　　张 **5.75**
版　　次 **2023年10月北京第1版**
印　　次 **2025年10月第2次印刷**

书　　号 **978-7-02-018250-3**
定　　价 **39.00元**

目　录

中学生的国文程度

二十四年[①]的《中学生》里曾有过一回“中学生国文程度的讨论”，可惜参加的人不很多，讨论得不够详细、切实。自己虽离开中学教职多年，但一直担任着大学一年级的国文，大学一年级生差不多全是高中毕业生，因此我对于这个问题是很留心的。现在想说说个人的意见。

社会上一般的看法是，近年来中学生的国文程度低落了。而且不但中学生如此，大学毕业生似乎也是如此。去年高考放榜后，考选委员会副委员长沈士远先生对中央社记者谈话，曾说到考生“国文之技术极劣，思路不清”，便指的大学毕业生而言。“技术极劣，

① 此处为民国纪年，即 1935 年。

思路不清”就是“低落”的说明。一般所谓“中学生国文程度低落”，意思大约也不出乎这两句话；也许还得加上“别字多”“字迹不整洁”两个项目。他们的判断大致根据考卷、报告、文课、条告、书信这几样，显然只从写作着眼；他们的标准大致是文言——倒不是古文，而是应用的文言。

所谓“近年来中学生的国文程度低落”，自然意在与前几年的中学生相比。但没有人指出年代的分界；我们问，中学生的国文程度从什么时候才低落起来的呢？我想要是拿民八[①]的“五四”运动作分界，一般人也许会点头罢？他们觉得，从那时候起，中学校一般的课业训练比从前松弛得多，国文科似乎也不能例外。单就中学生的文言写作而论，“五四”运动以来，确有低落的情形，我承认这个。但这种低落有它特殊的原因，和学校里训练的宽严好像是没有多大关系的。

原来“五四”以前的中学生，入学校之先，大都在家里或私塾里费过几年工夫，背诵过些古文，写作过些窗课——不用说是文言。这些是他们国文的真正

---

① 民国八年，即1919年。

底子。到了中学里，他们之中有少数能写出通顺的文言，大半靠了这点底子，中学校的国文教师，就一般而论，“五四”以前只有比“五四”以后差些，那些秀才举人做教师，决不能在一星期几小时里教学生得多少益处。学生在入学校之先没有写通文言，到了中学，除非自己对国文特别有兴趣，自己摸索到门径，毕业的时候大概还是不能写通文言的。但背古文、作窗课，都是科举的影响的残存。到了“五四”以后，这种影响渐渐消失，学生达到学龄，就入学校，不再费几年工夫去先学文言；这些学生是没有国文底子的。在中学的阶段里，教师渐渐换了新人，讲解比秀才举人清楚些，但只知讲解，不重训练，加上文言之外，还得学白话，文言教材又是各体各派，应有尽有，不像旧日通用的《古文观止》等教本，只选几体，只宗一派。学生负担加重，眼花缭乱，白话且等下文再论，文言简直是不知所从；训练既不严，范文又杂乱，没有底子的人又怎样写得通顺呢？程度低落，是必然的。

可是低落的只是文言的写作，白话尽管在这样情形之下，还是有长足的进展。前几年一般人还相信，必须写得好文言的，才写得好白话；因为新文学运动前期的作者，大都是半路出家，确是文言白话都会写的。但近些年青年作者出现的不少，我们从不曾见过他们写文言；偶然还见过一两位写的文言很糟，远不如他们写的白话。可见白话必须有文言做底子那意念并不是真理。这些青年作者多一半是大学生，但他们大概都曾经过中学的时代；在那时代，他们白话的写作已有了相当的样子、相当的底子，不过到了大学，才渐渐成熟罢了。在现时一般中学国文教学情形之下，这些学生得益于教师的也很少。他们的成就大部分从课外阅读和课外练习得来；他们读著译的小说，读各种杂志，文艺的、非文艺的；他们写作小说、散文、论文，登在校内或校外的刊物上。他们表现了自己，有了读者，甚至于还有了倾慕的人；这些鼓励他们那样做，却并不是教师的力量。不过在所有的中学生中，白话的写作有相当样子的，究竟还是少数，正和从前中学生文言写得通顺的也只是少数一样。

现在中学生和从前中学生还有一点不同，就是说话的能力增进了。现在中学生比从前中学生会说话得多，而且是比较普遍的现象。从前的国文教师会演讲的少，学生在说话上也得不到益处。“五四”以后换了一些新人的教师，一般的演讲能力，比从前教师强得多，学生耳濡目染，自然会受影响。再则，白话文的流行也帮助说话不少。白话文虽然并不完全从说话发展，而夹着许多翻译的调子，但事实上暗示了种种说话的新方法，增进了一般说话的能力——在年轻的易塑性的中学生，尤其如此。更重要的，从“五四”运动以来，学生不断地做着向民众宣传的工作，这给了很好的机会让他们练习说话。中学生当然不是例外。部定的中学国文课程标准，虽也列着演说和辩论一项，但实施的似乎还少；中学生的说话能力，又是在课外自己训练出来的。

中学生写不通文言，大概有四种情形，第一是字义不明，因此用字不确切，或犯重复的毛病。如“枝叶扶疏，脱叶遍地”[①]，上半说繁茂，下半说凋零，恰好相反。这句子的作者是将“扶疏”当作“稀疏”用了，所以致此。又如“至于在园内跋涉，多以自行车代步”，作者用“跋涉”其实只是“往来”的意思。又如“也未如不无谬见”，只能说“也未始非谬见”或

① 本节和下节所引的例子，都是从历年大学一年级生的作文里摘出来的。

"也不无谬见"。第二是成语错误。这又分为割裂和乱用。如"扫穴犁庭"变为"荡扫犁穴",便不能成句。又如"发纵指示"变为"唆使指纵",虽勉强可解,却不是味儿。这是割裂。又如"若文学革命,今后之文学倾向,及所谓普罗文学,汗牛充栋,接受为忙","文学革命"等都是抽象的概念,怎样可以"汗牛充栋"呢?这是乱用。一方面乱用,一方面当用不用,如不说"一举两得",却说"一举而二美",多寒伧!这都是不求甚解、不重记诵之故。第三是句式不熟,虚字不通也算在这类里。如"奇矣哉,同为人类,不但言语之不相知,而风俗亦殊不同",这句的毛病很多,这儿只想指出那"之"字是不合式的。又如"夫博物院者,乃集各种不经见有价值之物所以博览于众者也","所"字显然不合式,"博览于众"该说"供众览","不经见""有价值"之间,该有"而"字。又如"雪游北海"这个文题,实在不成一句话。"雪"下加个"中"字便成。又如"尽掬区诚,誓为后盾",上半也不成语,大约是"谨掬愚诚"的意思。第四是体例不当,也就是不合口气。如给朋友的信,"兹将敝校情形报告一二,能乐闻乎?""能乐闻乎?"就是"你能够高兴地听着吗？”像是在吵架了；该说“殆亦兄所乐闻乎？”或“想亦兄所乐闻也。”又如拟贺傅作义将军克复百灵庙电，“尚望鼓其余勇，灭此丑类！”“尚望”“鼓其余勇”都是平行下行的口气，不能用于尊敬的人。同题，“匪愧吴三桂，且惭史阁部，往古未有，现时所无，民族之宝，国家之魂！”首二语并不成句，并且比拟不伦；中二语太夸张，不会措词，不合体例。同题快邮代电，“本校同学皆相顾而言曰：‘政府抗日，不吾欺也。我失地之收复，国史之重光有日矣！且百灵庙地势之险要，进可攻，退可守；今既被我军收复，伪匪不易得逞矣。’”除第三个“之”字不合式以外，全段儿文绉绉的，啰里啰嗦的，满不是“快邮代电”的样子。这类应用文的体例本需要熟练，学生们写不合式，也在意料之中。

以上所论四种情形，也只以应用的文言为标准。但所谓应用的文言，“应用”的日子大概不会很长久了，据我看。现在应用这种文言的，报纸是大宗，其次公文，其次电报和书信。但报纸用白话，胡适之先生早就在提倡；只因办报的人总怕篇幅太多，印刷太贵，不愿马上全改成白话。可是这些年来，除了电讯和新闻还守着文言的阵地外，社论、通讯、特写，等等，都渐渐在用白话了。公文加标点符号，也是改白话的先声。而政府文告，譬如蒋委员长的许多告国人书，已经全用白话。电报因为按字计费，文言可以省些，用白话的似乎还没有。但若有人将电文里需要常用的字句编成简括的程式，成为电报汇编之类，便可解决这个困难。书信已经有用白话的，但因文言信有许多程式，可以省事，中年以上的人还是用文言的多些。这里可以看出，白话没有能普遍的应用，程式化不够这一层关系很大。若有些人向这方面努力，试造种种应用程式，让大家试用，逐渐修正，白话不久便可整个儿取文言而代之，文言便真死了。这种需要现在已经越来越大。现在是青年的时代，青年自然乐意用白话，而大部分的青年文言的训练太差，也是用白话便易。文言的死亡，和白话的普遍应用，是事所必至，是计日可待的。

因此，我觉得中等学校里现在已经无须教学生学习文言的写作。在有限的作文时间里，教学生分出一部分来写作文言，学生若没有家庭的国文底子或特殊兴趣与努力，到了毕业，是一定不会写通文言的。不但不能写通文言，白话写作，因为不能专力的缘故，也不能得着充分的发展。若省下学习文言写作的时间与精力，全用在学习白话的写作上，一般学生在中学毕业的时候，大概可以写出相当流畅的白话了。拿这种白话写应用的文件，大概比现时的中学毕业生用他们的破文言写出的会像样得多。思路总该清楚些，技术也该比较好些。那时候社会上一般人也许不至于老嚷着“中学生国文程度低落”了。社会上一般人大概只注重应用，文言也行，白话也行，只要流畅就好。这时代的他们，似乎已经没有“非文言不可”的成见了。过去他们拿应用的文言做批评的标准，只因为应用的文件多是文言写的；若是白话写的应用文件多了，他们的标准自然会跟着改变的。

照现在的情形看，一般中学生白话的写作也有很多的毛病。固然，比起他们的文言来，他们的白话确是好得多；比起从前有底子的中学生的文言，他们的白话在达意表情上也许还高些，至少不会不如那些个。可是就白话论白话，他们的也还脱不掉那技术拙劣、思路不清的考语；而思路不清更是要不得的现象，一般学生的写作往往抓不住题目，他们往往写下些不是支离便是宽泛的费话，在开篇时尤其如此。此外，层次的杂乱，意思的不贯联，字句的重复，也触目了然。这些原是古今中外一般初学写作的学生的通病，不是写作白话文才有这种种情形。但毛病总是毛病是事实。就白话的写作说，这些毛病一是由于阅读太少或不仔细，二是由于过分依赖说话。由于阅读太少或不仔细，不能养成阅读的——眼的，不全是耳的——客观的标准，便只能用说话做标准——全是耳的——来阅读自己的写作。但说的白话和写的白话绝不是一致的，它们该各有各的标准。说的白话有声调姿势表情衬托着，字句只占了一半。写的白话全靠字句，字句自然也有声调，可并不和说话的声调完全一样，它是专从字句的安排与组织里生出来的。字句的组织必得在文义之外，传达出相当于说话时的声调姿势表情来，才合于写作的目的。现在学生写白话，却似乎只直率的将说话搬到纸上，不加调制。缺少了声调姿势表情的说话，无怪乎乱七八糟的。这便是思路不清的现象；从不加调制那一层说，也便是技术拙劣的现象。当然也有说话时就思路不清的；但相信在现时写作思路不清的学生当中，这种思路根本不清的，究竟是少数。还有一层，我知道“五四”以后有许多中学国文教师在授课时，讲书少，说不相干的闲话多。这也给学生思路坏影响。

思路不清在学生写作的说明文和议论文里更为显见。说明文和议论文需要相当广的阅读和相当广的经验，在初学写作的年轻的学生，确乎比叙述描写各体难些。这里大部分是抽象观念的结合，思想力还未充分发展的青年，组织那些抽象观念，确是不易的。思路不清的毛病更为显见，也是当然。但是叙述、说明、议论三体都是应用文的底子；不会写作说明文和议论文，怎样能写作许多应用的文件呢？现在的学生只知注重创作，将创作当作白话文唯一的正确的出路；就是一般写作的人，也很少着眼在白话应用文的发展上。这是错的。白话已经占领了文学，也快占领了论学论政的文字；但非得等到它占领了应用文，它的任务不算完成。因为现在学生只知注重纯文学的创作，将论学论政的杂文学列在第二等，将应用文不列等，所以大多数不能将白话应用在日常人事上，也无心努力于它的程式化。他们不长于也不乐于写作说明文和议论文，一半也是这个缘故，这样学习白话的写作，是不切实的。说明文和议论文虽然难些，却不妨小处下手，从切近的、熟悉的小题目下手。这两体最容易见出思路不清的毛病。从一方面看，也是好处；因为别人指点，自己揣摩，也能容易些——只要有人肯指点，自己肯揣摩。

只要中学生不必分心力学习文言的写作，白话文写作的这些毛病，便可得工夫逐渐矫正起来，我相信。矫正的方法固然在多写作、多指点、多修改；但还得多做分析的练习。分析的练习，或拿句做单位，或拿节做单位，或拿全篇大纲做单位。这样，可以集中心力在这个那个小节上。小节弄清楚了，整篇也便容易清楚了。再则，练习可用别人的文字或学生自己写出的文字做材料；这样，便让他们容易从比较里见短长，知道以后应该怎样做。这比只是让他们自己捉摸看不见的自己，也该好些。傅东华先生给商务编的《复兴初中国文教科书》便列着许多很好的分析的练习的题目，可惜试用的教师太少。这里需要教师的努力，学生课外是不会去自己动手的。现在的中学国文教师负担的工作太重，我也知道；但若一学期教学生做一两回练习，代替作文，教师并不至于太多费时间，我想这个办法值得一试。不过写作和诵读是关联着的；诵读可以帮助思想和写作技术的进步。怎样诵读才可以如此呢？课内讲读和课外阅读该怎样，能怎样进行呢？文言是不是必要的教材，诗歌是不是必要的教材呢？纯文学和杂文学该怎样分配呢？这些问题都很值得检讨。但这里篇幅有限，只好以后更端别论了。

再论中学生的国文程度

一般人讨论中学生的国文程度，都只从写作方面着眼；诵读方面，很少人提及。大约因为写作关系日用，问题的迫切，显而易见；诵读只关系文化，拿实用眼光去看，不免就是不急之需了。但从教育的立场说，国文科若只知养成学生写作的技能，不注重他们了解和欣赏的力量，那就太偏枯了。了解和欣赏是诵读的大部分目的；诵读的另一部分目的是当作写作的榜样或标准。按我的意见，文言文的诵读，该只是为了解和欣赏而止，白话文的诵读，才是一半为了榜样或标准。照历年中学生诵读的能力看，他们对于报章体的叙述、说明和议论的文字，不论文言或白话，似乎大体上都能懂，不至于弄错了主要的意思。这在日用上原已够了；因此中学生诵读问题，便被一般人所不注意。但说到细节，他们就不免常有弄错的地方。再说到所谓古文，乃至古书，不能懂的地方更多；往往连主要的意思也弄不明白。白话文学作品里（一些新诗姑且除外），许多委曲的表现样式（句子和结构），和有些比喻，一般中学生也往往抓不着它们的意思。

现行初中国文课程标准第一条目标是，“使学生从本国语言文字上，了解固有文化”，第五条是，“养成阅读书籍之习惯与欣赏文艺之兴趣”。高中国文课程标准第三条目标是，“培养学生读解古书、欣赏中国文学名著之能力”。这些目标并不算高，可是现在一般中学生的诵读程度，能够达到这些目标的，似乎并不多。在文言文的诵读上，更其如此。只看学生作文里所用的成语，往往错误，如“折衡尊俎”“儿孙满膝”“狗头溃血”（狗血喷头）之类，便知道一般中学生对于诵读是怎样的马虎了。这些成语大部分从文言文来，可也有些从白话文来——如“狗血喷头”便是的。应用成语的正确或错误，是测验诵读程度一个简易的标准，特别从书写成语上看。因为写得没有误字，没有倒字，未见得就是用得确切。如“他的笑容不翼而飞”之类；但是写先写错了，即使放在上下文里很合式，也还是了解得不正确。诵读没有正确的了解，欣赏的兴趣自然是有限的。

文言文的表现样式（包括句法）和词的意义，也常教中学生迷惑。去年西南联大举行平津高中毕业生甄别试验，国文试题里文言译白话一段，是从《晏子春秋》卷六选出的：

> 灵公好妇人而丈夫饰者，国人尽服之。公使吏禁之，曰：“女子而男子饰者，裂其衣，断其带。”裂衣断带相望而不止，晏子见，公问曰：“寡人使吏禁女子而男子饰者，裂断其衣带，相望而不止，何也？”晏子对曰：“君使服之于内，而禁之于外，犹悬牛首于门而卖马肉于内也！公何以不使内勿服？则外莫敢为也。”公曰：“善！”使内勿服，不逾月而国人莫之服。

这可以说是浅显易懂。但许多考生却在“相望”那个熟语和那“内”字上栽了跟头。译得对的自然有：如前者译为“很多很多”“不知其数”“层见不穷”（该是“层出不穷”或“层见叠出”），后者译为“宫内的女子”。但是很少。有些人用取巧的办法，不译“相望而不止”这一语，只直抄在译文里，有些人单译“不止”，却略去“相望”，如“但没有能制止”。前者是懂了这一语的主要意思没有，无从知道；后者是懂了主要的意思，可是不懂“相望”的意思。“君使服之于内，而禁之于外”，那一句，似乎不便直抄，有些人却译为，“你何以不先教里面的不要穿男子的衣裳，则外面的也就不敢再穿了”。用宽泛的“里面的”来译那“内”字，等于没有译；这些人自然是没有懂得那“内”字。

有些人望文生义，将“相望”译成“但女人们却只互相看看大家而已”，甚至译成“让来往行人观看不止”。“君使服之于内”那一句，也有人译成“你叫你的夫人穿，而禁止别人穿”，已经够错了。更有些人译成“你的意思是女子在家里可以穿男子服，而在外面就不可以”；还有译成“王命衣穿内面，但是不禁穿在外面”的。不懂“相望”，也许还可懂得全文的主要意思；不懂那“内”字，全文就成了一片模糊了。又有人将晏子对齐灵公的话里的“君”和“公”都译成“先生”；那不但是不明白古代社会情形，并且似乎是缺乏一般的社会常识——对于一国的元首，那有用对于一般人的普泛的称呼的道理呢？

有一个人误解了那“饰”字，闹了大错。他的译文的首节是这样：

> 灵公欢喜妇人，就用男子来扮成。于是人民都效学起来。灵公就教官吏去制止，说：“凡男子扮成女子的，便扯碎他的衣服，扯乱他的带子。”然而，虽是有人被破了衣，断了带，扮妇人的，仍然不止。

女子男装变着男扮女装，差不多翻了个身！更糟的一段译文是：

> 卫灵公很好色，使人把全国的女子驱禁在一起，说女子若是献媚男人的，就要处以裂衣断带的处罪。晏子见卫灵公就问道：我使人禁女子，但是许多与他们爱好的男子，都是依恋不舍，这是何故呢。晏子曰（回）答道，你虽外表上禁止，但是在内面仍然照常的行着，这好像是外面挂牛

头，但在内则卖马肉了。你为什么不由内部做起，然后才施行呢！这样他们就不敢再违犯了。卫灵（公）说曰：这是一种妙法。

这简直是创造，那儿还是翻译！这两条都只是极端的例子，不能够代表一般中学生的程度。我引了来，只是表示中学生了解本国文字，会错误到这般地步，几乎使我们难以相信的地步！再则，就这两条译文本身而论，倒都还能自圆其说，文字也算通顺。可见诵读和写作，尤其是文言的诵读和白话文的写作，并不是一回事；这两者的相关度，并不如一般人所想象的那么密切。

现在的中学生，其实不但是中学生，似乎都不爱读文言文，特别是所谓古文，乃至古书。他们想着读文言文是没有用的。教科书里的文言文大部分是所谓古文，乃至古书，固然不能做写作白话文的榜样或标准，甚至于也不能做写作应用的（广义）文言文的榜样或标准。那么，为什么还要去读它呢？在他们看来，读文言文就好像穿上几十年前宽袍大袖的服装，在现代都市的马路上，汽车的影子里，一摇二摆地走着，真是太不合时宜的老古董的样子！我承认文言文的诵读不能帮忙白话文的写作，但可以帮忙应用的文言文的写作。不过我觉得现在的中学生已经无需再学应用的文言文，理由已经在前一篇论文里说过了。我可还主张中学生应该诵读相当分量的文言文，特别是所谓古文，乃至古书。这是古典的训练，文化的教育。一个受教育的中国人，至少必得经过这种古典的训练，才成其为一个受教育的中国人。现在的中学生不但不爱读文言文，似乎还不爱读历史，即使是本国史。他们读文言文和本国史，老是那么马马虎虎的，“不好不要紧”的态度。他们总不肯用他们的理解力和记忆力在这两科上；因此张冠李戴，往往有。上文所举，从成语错误到那“卫灵公”，都是显明的例子。

教师的讲解一向在国文训练里占着重要的部分。有些人觉得一般国文教师的讲解太琐细些；学生只被动地听着，不需要什么工作，似乎得不到实在的益处。这该分两层讨论。第一，我觉得课文应该分析的咀嚼；“讲解”若是这个意义，似乎正应该详尽些。固然，我们日常读书看报，只求了解主要的意思就够了，偶然有一两个不识的字，不明白的词语，大概总放它们过去，懒得去查字典或辞书。这或可以叫作“不求甚解”的态度。但是“不求甚解”而能了解主要的意思，还得靠早年的训练，那一字一句不放松的、咬文嚼字的功夫。若没有受过这种训练或用过这种功夫，而也取那“不求甚解”的态度，便往往不能了解读物的主要的意思；这种人自以为了解，其实往往只是望文生义罢了。现在一般中学生，从小学起所受的多少年的国文训练，虽然不充分，可是用来阅读普通的书报，大约也勉强够了。所以也可取那“不求甚解”的态度，而不至于抓不着主要的意思。但是对于即使是浅显的古文和古书，以及白话文学作品，他们也想取这个优游的态度可就不成。上面引的例子，便是平日吃了这个优游的态度的亏的表现的一斑。第二，要使一般中学生能够了解普通的古文和古书，以及白话文学作品，现在的国文训练，特别是中学时代的，实在嫌不充分。多讲闲话少讲课文的教师，固然不称职；就是孜孜兀兀地预备课文、详详细细地演释课文的，也还不算好教师。中学生需要充分的练习。练习包括预习、讨论、复习三步。每一步还有许多细目，这里不必列举。这些细目在各种国文教学法的书中，都曾或多或少地加以讨论。但我们现在所需要的，是切实的、有恒的施行；理论无论如何好，不施行总还是个白费！练习的主旨无非是让学生自己发现困难，寻求解决；到了解决不了时，自然便知道需要教师。这时候教师的帮忙，效用定会比一味演释大得多。这是让学生用理解力。解决的过程和结果，还得让学生常有温习的机会，才不至于全然忘却。这是让学生用记忆力。

教师不但得帮忙学生解决他们的问题，还得提供他们所没有注意到的重要的问题，师生共同讨论解决。若是课文里有可以和读过的课文或眼前报章杂志的材料比较的，教师也当抓住机会，引起相当时间的讨论。这可以增加学生的兴趣，并让他们容易记住。此外，默写和背诵，不拘文言文或白话文，都很要紧，该常常举行。文言文和旧诗词等，每讲完一篇，还该由教师吟诵一两遍，并该让学生跟着吟诵。现在教师范读文言文和旧诗词等，都不好意思打起调子，以为那是老古董的玩意儿。其实这是错的，文言文和旧诗词等，一部分的生命便在声调里，不吟诵不能完全领略它们的味儿。至于白话诗文，也该范读，不过只可用平调；若是对话或口语体，便该用口语的调子。我说到“味儿”，似乎已经从了解到了欣赏的范围了。其实欣赏就在正确的、透彻的了解之中。欣赏并不是给课文加上“好”“美”“雅”“神妙”“精能”“豪放”“婉约”“温柔敦厚”“典丽矞皇”一类抽象的、多义的评语，就算数的；得从词汇和比喻的选择、章句和全篇的组织，以及作者着意和用力的地方，找出那创新的或变古的、独特的东西，去体会，去领略，才是切实的受用。这和了解是分不开的。那些抽象的、多义的评语，意义不容易弄清楚，其实倒是避免的好。

白话文学作品并不如一般所想象的那么容易了解，我想也得举一个例。还是用西南联大去年平津高中毕业生甄别试验的国文试题，这回是白话译文言，是老舍先生《更大一些的想象》的头段儿：

要领略济南的美，根本须有些诗人的态度。那就是说，你须客气一点，把不美之点放在一旁，而把湖山的秀丽轻妙放在想象里浸润着；这也许是看风景而不至于失望的普遍原则。反之，你没有这诗意的体谅，而一个萝卜一个坑的去逛大明湖、趵突泉等，先不用说别的，单是人们口中的

葱味，路上吱吱咀咀的小车子的轮声，就够你不痛快了。（末句和原作稍有不同）

“一个萝卜一个坑”这个比喻，懂的很少。翻得贴切的要算“斤斤计较之心”“尽观其详”几句；“呆呆”“一一”甚至“此萝卜此坑”，也算抓着了原语的意思。大部分人却只直抄原语或略而不翻。有些人又只将原语硬变成文言调子，如“一卜一坑”“随萝卜之坑”“以卜坑之若”“如为一萝卜或一坑而游大明湖、趵突泉等”“游一萝卜或一坑于大明湖、趵突泉等”，这些都是文不成义。还有些人翻作“梦然”“单独”“以极端主观之眼光”“以野夫之观”，这简直是瞎猜一气；后三语还可以说是望文生义，第一语好像完全是无中生有！中学生对于白话文学作品的了解，也还需要练习，由此例可见。翻译是很有用的练习，但似乎不必教学生译为文言，只教他们用自己的白话文重述出来就成。文言课文的练习，也可多用翻译，译文自然是用白话。但两者都得写下来，口述口译是不够的。

写作杂谈

一　文脉

多年批改学生作文，觉得他们的最大的毛病是思路不清。思路不清就是层次不清，也就是无条理。这似乎是初学作文的人不能免的毛病。无论今昔，无论文言和白话——不过作文言更容易如此罢了。这毛病在叙述文（包括描写文）和抒情文里比较不显著，在说明文和议论文里就容易看出。实际生活中说明文和议论文比叙述文和抒情文用得多，高中与大一的学生应该多练习这两体文字；一面也可以训练他们的思想。本篇便着眼在这两体上；文言文的问题比较复杂，现在且只就白话文立论。因为注重“思路”怎样表现在文字里，所以别称它为“文脉”——表现在语言里的，称为“语脉”。

现在许多青年大概有一个误解，认为白话文是跟说话差不多一致的。他们以为照着心里说的话写下来就是白话文；而心里说的话等于独自言语。但这种“独自言语”跟平常说话不同。不但不出声音，并且因为没有听者，没有种种自觉的和不自觉的限制，容易跑野马。在平常谈话或演说的时候，还免不了跑野马；独自思想时自然更会如此。再说思想也不一定全用语言，有时只用一些影像就过去了。因此作文便跟说话不能一致，思路不清正由于这些情形。说话也有没条理的，那也是思想训练不足、随心所向、不加控制的缘故。但说话的条理比作文的条理究竟容易训练些，而训练的机会也多些。这就是说从自然的思路变成文脉，比变成语脉要难。总之，从思想到语言，和从思想到文字，都需要一番努力，语言文字清楚的程度，便看努力的大小而定；若完全随心所向，必至于说的话人家听不懂，作的文人家看不懂。

照着心里说的话写下来，有时自己读着，教别人听，倒也还通顺似的；可是教别人看，就看出思路不清来了。这种情形似乎奇特，但我实地试验过，确有这种事。我并且想，许多的文脉不调正是因为这个缘故。现在的青年练习说话——特别是演说——的机会很多，应该有相当的控制语言的能力，就是说语脉不调的应该比较前一代的青年少。他们练习作文的机会其实也比较前一代多；但如上文所论，控制文字确是难些。而因为作的是白话文，他们却容易将语脉混进文脉里，减少自己的困难，增加自己的满足；他们是将作文当作了说话的记录。但说话时至少有声调的帮助，有时候承转或联贯全靠声调；白话文也有声调，可是另一种，不及口语声调的活泼有弹性，承转或联贯处，便得另起炉灶。将作文当说话的记录，是想象口语声调的存在，因此就不肯多费气力在承转或联贯上；但那口语的声调其实是不存在的。这种作文由作者自己读，他会按照口语的声调加以调整，所以听起来也还通顺似的。可是教别人看时，只照白话文的声调默读着，只按着文脉，毛病便出来了。那种自己读时的调整，是不自觉的，是让语脉蒙蔽了自己；这蒙蔽自己是不容易发现的，因此作文就难改进了。

思想、谈话、演说、作文，这四步一步比一步难，一步比一步需要更多的条理；思想可以独自随心所向，谈话和演说就得顾到少数与多数的听者，作文更得顾到不见面的读者，所以越来越需要条理。语脉和文脉不同，所以有些人长于说话而不长于作文，有些人恰相反；但也有相关联的情形。说话可以训练语脉；这样获得的语脉，特别是从演说练习里获得的，有时也可以帮助文脉的进展。所以要改进作文，可以从练习演说下手。但是语脉有时会混入文脉，像上一段说的。在这种情形下，要改进作文，最好先读给人听，再请他看，请他改，并指出听时和看时觉得不同的地方，但是这件事得有负责的而且细心的教师才成。其实一般只要能够细看教师的批改也就很好。不过在这两种情形下，改本都得再三朗读，才会真得到益处。现在的学生肯细看教师的批改的已经很少，朗读改本的大概没有一个。这固然因为懒，也因为从来没有受到正确的朗读训练的缘故。现在白话文的朗读训练只在小学里有，那其实不是朗读，只是吟诵；吟诵重音节，便于背，却将文义忽略，不能训练文脉。要训练文脉，得用宣读文件的声调。我想若从小学时代起就训练这种正确的朗读，语脉混入文脉的情形将可减少，学生的作文也将容易进步。

再次是在作文时先写出详细的纲目。这不是从声调上下手，而是从意义上、从意念的排列上下手。这是诉诸逻辑。细目最好请教师看看。意念安排得有秩序，作起文来应该容易通顺些。不过这方法似乎不及前两者直截而自然。还有，作文时限制字数，或先作一段一段的，且慢作整篇的，这样可以有功夫细心修改；但得教师个别的指正，学生才知道修改的路子。这样修改的结果，文脉也可以清楚些。除了这些方法之外，更要紧的是多看、多朗读、多习作（三项都该多在说明和议论两体上下功夫）。这原是老生常谈，但这里要指出，前两项更重要些；只多作而不多看多读，文脉还是不容易获得的。

二　标点符号

历年批改大学一年级学生的作文，觉得他们对于标点符号的使用很不在意。他们之间，和一般人之间一样，流行着一句熟语："加标点。"他们写作，多数是等到成篇之后再"加"标点符号的。这显然不是正确的办法。白话文之所以为白话文，标点符号是主要的成分之一。标点符号表明词句的性质，帮助达意的明确和表情的恰切，作用跟文字一样，决不是附加在文字上，可有可无的玩意儿。本来没有标点符号的古书和文言，为了帮助别人了解或为了自己了解正确，可以“加”上标点符号去。但是自己写作，特别是白话文，该将标点符号和文字一样看待，同等使用，随写随标点，才能尽标点符号的用处。若是等文字写成篇再“加标点”，那总是不会切合的。古书和原无标点符号的文言，“加标点”后往往有不切合处；那是古今达意表情的方式不同，无可奈何。自己写作，特别是白话文，标点符号正是支持我们达意表情的方式的，不充分利用，写作的效果便会因而减少。我们说话时得靠种种声调姿势帮助；写作时失去这种帮助，标点符号可以替代一部分。明白这个道理，便知道标点符号跟文字的关系是有机的——后“加”上去，就不是有机的了。

现在的学生乃至一般人往往乱用或滥用标点符号，结果标点符号真成了可有可无的东西似的。在达意方面，学生的作文里最常见的是逗号（，）和分号（；）

的乱用。分号介在逗号和句号（。）之间，主要的作用在界划较长的句语和较短而意义上紧密的联系着的句子。青年们和一般人不大容易弄清楚这个符号的用处，是大家都知道的。有时他们似乎将它当逗号用，有时又似乎将它当句号用；用得合式的很少。这个符号本来复杂些，用错了还可以说是在意中。像逗号，很简单，乱用的却也很多，或许是一般想不到的。学生们作文里用逗号最多，往往一段文字只在段末有个句号，其余便是一大串逗号。这使人看不清他们的意义，摸不清他们的思路。他们似乎将逗号只当作停顿的符号用，而不管停顿的长短，更不管意义的分界。他们不大用句号，是一个可注意的现象。他们似乎没有清楚的“句”的意念。学生们作文，常犯思路不清或层次不明的毛病，这少用句号也是征象之一。此外还有惊叹号的滥用，似乎是一般的情形。就像公函中“为荷”下的惊叹号，便大可不必——句号尽合式了。更有爱用双惊叹号或三惊叹号的，给予读者的效果往往只是浮夸不实。

教育部二十年前就颁行过标点符号施行条例，起草的是胡适之先生。但是青年们和一般人注意这个条例的似乎不多。原因大约有好几种。一是推行得不尽力。这种条例应该常在青年读物或一般读物里引用，让大家常常看见，常常捉摸，才有用处。可是事实不然。中学教科书里虽然偶有论到标点符号的，也不多，教师们又不认真去教，成效自然不见。二是例句不合式。条例中所举的例句都是古书和文言，加上一些旧小说的白话，现代的白话文记得似乎没有。条例颁行的时期，白话文运动刚起头儿，为起信的缘故，只举旧例，也是一番苦心。可是如上文所论，这种例句“加”上标点符号，究竟不很自然；这种例句并不能充分表示每种标点符号的用处。再说既然都是旧例，爱读现代白话文的，便不免减少阅读的兴趣，不大去注意。我想教育部若能将那条例修订一番，细心选择现代白话文作为主要的例句，一面责成中学教师切实教授，并在改文时注意，标点符号的用法会渐渐正确起来的。不过，更重要的是，青年们得养成随文标点的习惯，一面还得在读现代白话文时随时体会一标一点的意味，学习正确的用法才成。

写作杂谈II

我是一个国文教师，我的国文教师生活的开始可以说也就是我的写作生活的开始。这就决定了我的作风，若是我也可说是有作风的话。我的写作大体上属于朴实清新一路。一方面自己的才力只能做到这地步，一方面也是国文教师的环境教我走这一路。我是个偏于理智的人，在大学里学的原是哲学。我的写作大部分是理智的活动，情感和想象的成分都不多。虽然幼年就爱好文学，也倾慕过《聊斋志异》和林译小说，但总不能深入文学里。开始写作的时候，自己知道对于小说没希望，尝试得很少。那时却爱写诗。不过自己的情感和想象都只是世俗的，一点儿也不能超群绝伦。我只是一个老实人，或一个乡下人，如有些人所说的。——外国文学的修养差，该也是一个缘故。可是我做到一件事，就是不放松文字。我的情感和想象虽然贫弱，却总尽力教文字将它们尽量表达，不留遗憾。我注意每个词的意义，每一句的安排和音节，每一段的长短和衔接处，想多少可以补救一些自己的贫弱的地方。已故的刘大白先生曾对人说我的小诗太费力，实在是确切的评语。但这正是一个国文教师的本来面目。

后来丢开诗，只写些散文；散文对于自己似乎比较合宜些，所以写得也多些。所谓散文便是英语里的“常谈”，原是对“正论”而言；一般人又称为小品文，好似对大品文而言，但没有大品文这名称。散文虽然也叙事、写景、发议论，却以抒情为主。这和诗有相通的地方，又不需要小说的谨严的结构，写起来似乎自由些。但在我还是费力。有时费力太过，反使人不容易懂。如《桨声灯影里的秦淮河》里有一处说到“无可无不可”，有“无论是升的沉的”一句话。升的“无可无不可”指《论语》里孔子的话，所谓“时中”的态度。沉的指一般人口头禅的“无可无不可”，只是“随便”“马虎”的意思。有许多人不懂这“升的沉的”。也许那句话太简了，因而就太晦了。可是太简固然容易晦，繁了却也腻人。我有一篇《扬州的夏日》（在《你我》里），篇末说那些在城外吃茶的人回城去，有些穿上长衫，有些只将长衫搭在胳膊上。一个朋友说穿上长衫是常情，用不着特别叙出。他的话有道理。但这并不由于我的疏忽；这是我才力短，不会选择。我的写作有时不免牵于事实，不能自由运用事实，这是一例。

我的《背影》《儿女》《给亡妇》三篇，注意的人也许多些。《背影》和《给亡妇》都不曾怎样费力写出。《背影》里引了父亲来信中一句话。那封信曾使我流泪不止。亡妇一生受了多少委屈，想起来总觉得对不起她。写《给亡妇》那篇是在一个晚上，中间还停笔挥泪一回。情感的痕迹太深刻了，虽然在情感平静的时候写作，还有些不由自主似的。当时只靠平日训练过的一支笔发挥下去，几乎用不上力量来。但是《儿女》，还有早年的《笑的历史》，却是费了力琢磨成的。就是《给亡妇》，一方面也是一个有意的尝试。那时我不赞成所谓欧化的语调，想试着避免那种语调。我想尽量用口语，向着言文一致的方向走。《给亡妇》用了对称的口气，一半便是为此。有一位爱好所谓欧化语调的朋友看出了这一层，预言我不能贯彻自己的主张。我也渐渐觉得口语不够用。我们的生活在欧化（我愿意称为现代化），我们的语言文字适应着，也在现代化，其实是自然的趋势。所以我又回到老调子。所谓老调子是受《点滴》等书和鲁迅先生的影响。当时写作的青年很少不受这种影响的。后来徐志摩先生，再后来梁宗岱先生、刘西渭先生等，直接受取外国文学的影响，算是异军突起，可是人很少。话说回来，上文说到的三篇文里，似乎只有《背影》是“情感的自然流露”，但也不尽然。《背影》里若是不会闹什么错儿，我想还是平日的训练的缘故。我不大信任“自然流露”，因为我究竟是个国文教师。

国文教师做久了，生活越来越狭窄，所谓“身边琐事”的散文，我慢慢儿也写不出了。恰好谢谢清华大学，让我休假上欧洲去了一年。回国后写成了《欧游杂记》和一些《伦敦杂记》。那时真是“身边琐事”的小品文已经腻了，而且有人攻击。我也觉得身边琐事确是没有多大意思，写作这些杂记时便专从客观方面着笔，尽力让自己站在文外。但是客观的描叙得有充分的、详确的知识做根据，才能有新的贡献。自己走马看花所见到的欧洲，加上游览指南里的一点儿记载，实在太贫乏了，所以写出来只是寒尘。不过客观的写作却渐渐成了我的唯一的出路。这时候散文进步了。何其芳先生的创作，卞之琳先生的翻译，写那些精细的情感，开辟了新境界。我常和朋友说笑，我的散文早过了时了。既没有创新的力量，我只得老老实实向客观的描叙的路走去。我读过瑞恰慈教授几部书，很合脾胃，增加了对于语文意义的趣味。从前曾写过几篇论说的短文，朋友们似乎都不大许可。这大概是经验和知识还不够的缘故。但是自己总不甘心，还想尝试一下。于是动手写《语文影》。第一篇登在《中央日报》昆明版的《平明》上，闹了点错儿，挨了一场骂。可是我还是写下去。更想写一些论世情的短文，叫作《世情书》。

试了一篇，觉得力量还差得多，简直不能自圆其说似的，只得暂且搁下。我是想写些“正论”或“大品文”，但是小品文的玩世的幽默趣味害我“正”不住我的笔，也得再修养几年。十六年前曾写过一篇《正义》(见《我们的七月》)，虽然幼稚，倒还像“正义”，可惜没有继续训练下去。现在大约只能先试些《语文影》。这和《世情书》都以客观的分析为主，而客观的分析语文意义，在国文教师的我该会合宜些。

我的写作的经验有两点也许可以奉献给青年的写作者。一是不放松文字，注意到每一词句，我觉得无论大小，都该从这里入手。控制文字是一种愉快，也是一种本领。据说陀斯妥也夫斯基很不讲究文字，却也成为大小说家。但是他若讲究文字，岂不更美？再说像陀斯妥也夫斯基那样大才力，古今中外又有多少人？为一般写作者打算，还是不放松文字的好。现在写作的青年似乎不大在乎文字。无论他们的理由怎样好听，吃亏的恐怕还是他们自己，不是别人。二是不一定创作，“五四”以来，写作的青年似乎都将创作当做唯一的出路。不管才力如何，他们都写诗，写散文，写小说戏剧。这中间必有多数人白费了气力，闹得连普通的白话文也写不好。这也是时代如此，当时白话文只用来写论文、写文学作品，应用的范围比较窄。论文需要特殊的知识和经验，青年人办不了，自然便拥挤到创作的路上。这几年白话文应用的范围慢慢儿广起来了，报纸上可以见出。“写作”这个词代替了“创作”流行着，正显示这个趋势。写作的青年能够创作固然很好，不能创作，便该赶紧另找出路。现在已经能够看到的最大的出路，便是新闻的写作。新闻事业前途未可限量，一定需要很多的人手。现在已经有青年记者协会，足见写作的青年已找出这条路。从社会福利上看，新闻的写作价值决不在文艺的写作之下，只要是认真写作的话。

1943年9月，《文艺写作经验谈》，天地出版社印行

文病类例[1]

在中学和大学里连续担任了多年国文作文课程，养成了自己对于语言文字的特殊兴趣——也许是一种咬文嚼字的癖。从二十二年[2]起，并摘抄学生作文；大部分是句子，也有些成段的，也有些是全篇或各段的大意。句和段是原文，各段大意却是我参照原文编的。这里大都是些文病。我觉得现在一般青年朋友对于作文——特别是文字的技术方面——犯了一个共同的错儿，就是那“不好不要紧”的态度。任何爱好的青年朋友，只要肯想一想，就会知道这个态度是要不得的。我现在将历年所抄的材料整理出来，分类选例，加以说明。希望我们的青年朋友看了这些，也许多少可以

① 本文原为未完稿。
② 即 1933 年。

改变那要不得的态度。若是更能够让他们参考了这些，举一反三，在文字技术上得到一点进步，那却是望外了。所有的例子都是从大学一年级学生的作文里摘出来的，这里只选白话文的例子，我觉得现在的青年朋友只要能写通白话文就够用了。

一　词汇

一般学生的通病是词汇太窄狭，在那窄狭的词汇里，又有许多词的意义不曾弄明白，写作起来，自然教人看不顺眼。国文教学不重记忆不重练习的流弊，在这里最容易见出。

一·一·一　（我）降生民国初年。

一·一·二　晨曦，千余学生从住在不同的地方像潮涌一般向昆明大西门外的云南省立农业学校来受课。

一·一·三　淅历（沥）的折纸的各种声音响了。

这里只讨论词汇，别的毛病——假如有的话——暂且不谈。我们说“孔子降生”“耶稣降生”，“降”有“（从）天（而）降”的意思。孔子、耶稣都是伟大人物，所以说是“从天而降”，所以用得上“降生”这个词。但“降生”并不限于伟大人物，对于稍有身份的人，也可以用；那却只是客气的字眼，没有特别崇敬的意味。说到自己，显然不能用；说到自己，只能说“我生在民国初年”，“我出生在民国初年”，或“我诞生在民国初年”。“出生”是个新词，但现在已经用得很熟了。“曦”是日色，是个名词。“晨曦”不成语，必得加“初上”一类助语才成；但那是文言，这儿不如说“早晨太阳刚出来的时候”。作者似乎是将“曦”字用成动词，似乎是将“晨曦”当作陶渊明《归去来辞》里的“晨光熹微”了。“淅沥”是形容小雨声和霰声的。作者许是不清楚这个词的意义，以为只是形容细碎的声音的；也许找不到适当的形容词，便将就着用它。其实“窸窣”两个字是可以用的。以上三例，概括地看，都可以说是不明词义的病。

一·一·四　私塾中也有按时放假的习俗。

一·一·五　牺牲了自己，损失了国家。

一·一·六　大西门外的老乞丐，在紧缩苦叫。

一·一·七　借着买东西来换散一下迟木的心情。

一·一·八　我也要洒别我的教师和同学们。

“习俗”该是“习惯”，“损失”该是“损害”，“紧缩苦叫”该是“蜷缩着苦叫”。这是混用意义相近而不同的词；但“蜷缩”这个词，一·一·六的作者的词汇里也许压根儿就没有。“换散”大约是“涣散”，写别了，也用错了；该是“变换”或“舒散”两个词之一。但作者未必知道“舒散”这个词。这是混用声同义异或字同义异的词。“洒别”是“洒泪告别”这一仂语的缩短，这儿也许只是“告别”的意思。“握手作别”可以缩短成“握别”，“洒别”却不成语；若再用这“洒别”作“告别”，那是将普通情形和特殊情形混为一谈，自然不妥而又不妥了。这些可以说是混淆词义的病。

一·一·九　哭是情感的表现，在未表现之前是情感，既表现之后就是哭。

一·一·一〇　迫得我脑袋产生了一种恼人的东西。

一·一·一一　现在天气已经是很和暖了，可是居然还会落这样大的雪，所以大家心里都有各不相同的心理。

“情感”的表现不必就是哭，“情感”太泛，该是“悲戚”。“恼人的东西”不明白，大约是“烦恼”“恼恨”一类的意思。这句式根本不成，只消说“不由得我不烦恼（或恼恨）”就好。“各不相同的”也不明白，大约只是“惊疑”的意思。这句式也不成，只消说“大家心里都有些奇怪”就好。这些可以说是词义笼统的病。

一·一·一二　提起你麻木的脚步。

一·一·一三　忿怒的脚，将它踏得稀烂。

一·一·一四　沿街罗列小贩的叫喊声。

一·一·一五　我们知道一个身体不健全的人，极易受流行时疫的感冒。

一·一·一六　平常听见我说话，是很少见的。

一·一·一七　我虽然是工学院，但是是一年级。

“脚”可以是“麻木的”，但“脚步”不能；也许该说“滞重的脚步”。“脚”却不能是“忿怒的”；一·一·一三也许只能说“忿怒地用脚将它踏得稀烂”。“小贩”可以“罗列”，“叫喊声”不能；一·一·一四可以换上“充满”两个字，或者“沿街罗列”下加“的”字。一·一·一二和一·一·一四是将形容有形物的词移用到无形物上；一·一·一三是将形容有意志的人的词移用到他的无意志的脚上。

“感冒”是自己“感冒”风寒，不是风寒“感冒”自己，“受感冒”不成语，这是将主动的词移用到被动语气里。但一·一·一五即使改成为主动语气，“感冒”还是用不上；该说“感染”或“传染”才成。可是改成这两个词，句子的语气倒又没关系了。一·一·一六，说“平常很少见我说话”或“平常听见我说话，是很少的”，都成；就是不能说“少见”“听见我说话”。这是将表示视觉的词移用到听觉上。一·一·一七，“一年级”是学生的集体名词，可以用来指个体；“工学院”只是普通名词，不能用来指个体的学生。这儿得加上“学生”两个字。但在说话里，“工学院”一类普通名词有时确可用作集体名词，指称个体的人。言文不能一致，这是一例。若是对话的记录，这句子是成立的。但当作白话文，这便是将普通名词移用为集体名词。这和上面各例都可以说是迁移词义的病。

一·一·一八　墨水的沉淀和铜锈早已经笼罩了笔尖上的外国文。

一·一·一九　深深的寒意笼罩了整个的宇宙。

一·一·一八，“笼罩”其实只是“遮没”“掩没”；说“笼罩”便有点儿夸张似的。一·一·一九，“宇宙”也是大而无当，其实只消“整个的城市”好了。

这些可以说是词义浮夸的病。

一·一·二〇　我们自备汽车的速度由缓而停了。

一·一·二一　他把两手托在桌上。

“由缓而停”还是直接叙述汽车的好；“的速度”三个字可以省去。说速度“缓”，口头常有，不过用的是“慢”字；说“停”，却不大听见。速度可“大”可“小”，可“加”可“减”，可“有”可“没有”；说它“缓”和“停”却都嫌不确切。它是抽象的观念，没有活动，无所谓“停”。“快”“慢”（缓）虽然用得上去，但不如“大”“小”确切。再有，说速度“缓”，字面上也不免矛盾；固然有些译名都免不了这种矛盾，如一个人的健康可以“好”，又可以“不好”之类，但能够避总是避掉的好。一·一·二一，“托”字不够清楚，可以说“他把两肘靠在桌上”，或改变句式说，“他托着两手，靠在桌上”。这些可以说是词义含糊的病。

一·一·二二　始终合不下眼。

这该是“合不上眼”。我们总说“合上”，如“合上书”，不说“合下”。“上”“下”这类词有它们的用例。如“关上门”“搁下”“丢下他一个人”“放不下心”，“上”“下”都不能互易。这不是没有理由的。“合上眼”是将上眼皮合在下眼皮上；“合上书”是将这一半儿合在那一半儿上；“关上门”是在门上加上些东西——如门闩等。“搁下”“丢下”“放下”的“下”，都表示将事物安排在不消注意或不必注意的地方。忽略了这种习惯用法，可以说是不明词例的病。

一·一·二三　我应把它（笔）训练成一条不阿谀、不保守、不危难，而据（具）有百折不挠视死如归的一条战士。

一·一·二四　每一条友谊全是平平匀匀的。

一·一·二五　在一个风的怒号之下。

一·一·二六　黄莺儿有一张歌喉宛转的嘴。

“一条战士”从“一条好汉”变出，原也可用，但现在说“一个战士”“一位战士”，觉得更郑重些；“一条好汉”虽然含着多少尊敬，可也夹带着一份儿轻蔑——“好汉”像脱不了跑马卖解一类流浪人的味儿。“友谊”却不能论“条”数，这不是具体的事物。一·一·二四，也许可以说“各方面的友谊全是平平淡淡”。一·一·二五，“风”不能论“个”，“怒号”也不能，这都是不能数的。说“一阵”就成了。一·一·二六，“一张嘴”不错，但“一张”紧接着“歌喉宛转的”，有些人会将“一张歌喉”连读；不但截断文义，“歌喉”也只说“一副”“一串”，不说“一张”的。改为“歌声”，便不致误会了。这些可以说是滥用量词的病。以上都是从词义着眼。

一·二·一　几个月的积闷愁绪。

一·二·二　英（国）兵身壮体伟。

一·二·三　杂乱沉重的雨点。

一·二·四　一个精邃多疑的青年。

一·二·五　一颗玲琍（珑）无瑕的珠子。

这五例里，都将两个同类的词或短语（前文称为“仂语”）联用，中间不加连词。这是文言的影响，也是成语的影响。文言中四个字的成语确是很多，如“匣剑帷灯”“天经地义”“灯红酒绿”“纸醉金迷”“缠绵悱恻”“悲壮苍凉”“荒唐谬悠”，等等。白话里也有这些个，如“头晕眼花”“手忙脚乱”“大呼大叫”“乌烟瘴气”“一五一十”“气急败坏”，等等。这里所引的成语都由两个短语或词联合而成，这些短语或词大都是同类的。这个暗示着一种普遍的语言格式；学生们造句，受着这种语式的影响，也是自然的。

但这种语式上下两部分往往是对偶的，或者利用双声叠韵的字音（如“缠绵”“荒唐”“谬悠”“败坏”）才能够使四字联成一语。不然，两部分间便得加上连词“与”字或“而”字。一·二·一的“愁绪”，若改为“闲愁”，和“积闷”对偶，便可联为一气，不像现在跛脚的样子；虽然文言的气味重些。若还留着“愁绪”，就得加连词；有人也许借用文言的“与”字，但是加上“和”“同”“跟”等词，更是白话些。“和”是北平话，是国语，用得最多。“跟”似乎是所谓官话区域的词，“同”似乎原是吴语区域的词，可是现在都通用。这几个连词，大概用在名词短语的中间。

一·二·二若说是文言的句子也成，不过这一句是写在白话文里。“身壮体伟”虽然也是对偶，和“灯红酒绿”的构造差不多，可是“身”“体”两个词用得不合式。古文里“身”这个词多半指“自己”，有时候指具体的“躯干”；我们所谓“身体”，似乎是应用的文言，古文只说“体”或“体气”。固然，“体”有时也指身躯的部分，如“四体”“五体”；但不指躯干，只指部分。“身壮体伟”这一语，若是仿应用的文言作白话文句，可以说“身躯壮伟”；若是干脆用白话，只消说“英国兵个儿大”，就成。可是，如果一定要创造新语，将“身体”一词分开，作成“身壮”“体伟”两个意义相似的短语，那也未尝不可容许；但这两个短语之间，得加上连词“而”字。加上“而”字，那联合的短语就见得是新联合起来的；不至于自己矛盾，像成语又不像成语。

一·二·三“杂乱”“沉重”也可以说是对偶，但是既然和白话的助词“的”字联起，变成一个形容性短语“杂乱沉重的”，似乎不宜再套文言的格式。这儿“杂乱”下得加上“而”字，也可以加“的”字。一·二·四“精邃”大约是“精细”，和“多疑”并不对偶；中间更得加“而”字或“的”字。一·二·五

"玲珑无瑕"，似乎套用"洁白无瑕"那成语的格式。但在那成语中，"无瑕"似乎是表示"洁白"的程度；上下两部分贯穿成一语。"玲珑"和"无瑕"却是两回事，跟一·二·四同例，也得加"而"字或"的"字。

"而"字用在形容性的短语和句子样式的短语（如"身壮""体伟"）之间，跟"和"字的效用不一样。"和"表示"并列"的关系；"而"表示"增加"的关系，有"又"的意思。"而"字还表示"转折"的关系，有"却"的意思，像一·二·四"精细而多疑的"便是。有些人表示这三种关系，都用"和"一个词；"和"字的任务太多，倒教人弄不清楚。"而"字虽是文言，我们口头上早就不时地用它；现在有意地取来作白话连词，在势也是很顺的。一·二·三"杂乱"下，一·二·四"精细"下若加上"的"字，语味又是不同。在每一句里，都是一个联合的形容性短语变成了两个独立的却叠用的形容词。这两个形容词之间的关系，只暗示在词义里。这样，分别指明两种属性，形式上虽然更清楚些，可是那"关系"往往容易被忽略过去。在这两例里，关系似乎比属性还要重点儿，我想还是加上"而"字强些。以上三例，概括地看，可以说是省略连词的病。

一·二·六　可是现在它（凤翥街）变成了一条，繁华，操（嘈）杂，学生，文化交流的地方。

一·二·七　我们都应当想到一般平民的食品饮料和他们的安眠处都是怎样的情形。

一·二·八　还受到一般社会人士们的批评认为这富有爱国精神而无畏的学生运动简直是胡闹。

一·二·九　我们现在所需要的是个清洁与滋养丰富的食堂。

一·二·一〇　中年人则是保守的，镇定的，妥协的，强于理智的，自私的。

一·二·六“繁华”“嘈杂”是形容词，“学生”“文化”是名词，一是具体的，一是抽象的。从词义和词性上看，这些并列在一起，真是不伦不类；这些又怎样能够“交流”呢？这句话也许可以说：“可是现在它变成了一条繁华而嘈杂的学生街和文化街”。一·二·七只消说“一般平民的食品、饮料和住屋”就好。按作者原意，并列的三项是平等的；第三项特别加上“他们的”一词，虽然只是来点儿花样，可是会教人误认作者是所侧重，倒不如整齐的好。一·二·八全句别扭。“富有爱国精神”和“无畏”都是句子样式的形容语，长短却相差很多。照我们诵读的节奏，长的放在短的后面顺口些。“无畏”其实只是“勇敢”的意思；我们可以说“这勇敢而富有爱国精神的学生运动”。但这里重在属性，怕还该叠用“的”字；不该说“勇敢而”，却该说“勇敢的”。一·二·九“与”字不如“而”字。但食品可以“滋养丰富”，“食堂”不能。“我们需要的是一个清洁而能供给滋养料的食堂”。一·二·一〇并列的各项属性，不免有点儿杂乱。删去“镇定的”，将“强于理智的”排在最后，条理也许清楚些。那样，“保守的”到“自私的”便是递升的并列式；“强于理智的”虽还不免畸零，但比同列的别的词和短语都长，让它独自挂脚，也可勉强过去。综括以上五例，可以说是词序不整的病。

以上都是从词的并列着眼。

一·三·一　我同世（人名）舍了这里，踱上一条小径。

一·三·二　过一会妹妹要吃糖，我斥道，“这是给爹预备的。”

一·三·三　读书最宜于春日，盖春日的天气，不冷不热，比较平日要长些。

一·三·四　至于我们开膳的办法。

一·三·五　菜不够吃，而且饭亦时告中断。

一·三·六　我在下午温习功课告一段落的时候，乘兴几自到翠湖公园闲逛。

一·三·七　哈哈！不要闲磕牙了。

一·三·一“舍”，一·三·二“斥”，一·三·三“盖”，都是文言里的词，现在白话文没有这么用的。看上去文绉绉、酸溜溜，和上下文不能打成一片，有些碍眼。“舍了”换成“离开”，“斥”换成“喝”，“盖”换成“因为”，就行了。一·三·五“时告中断”，也是文言的短语，情形相同；可以说“饭也有时太少”，或“饭也有时来不及”。一·三·四“开膳”，是白话“开饭”和文言“膳食”的混合短语，显得不自然，不如直说“开饭”痛快得多。一·三·六“兀自”，一·三·七“闲磕牙”，都是元曲里的方言。“兀自”似乎是“还是”“老是”的意思。一·三·六的作者却当作“独自”；不如便说“独自”好了。“闲磕牙”似乎是“闲撩”（“撩”又写作“聊”）的意思。一·三·七的作者却当作“瞎说”；不如就用“瞎说”好了。这种古白话，即使用得意思不错，也不合式，和掺用文言词语一样情形。这些是夹杂古语的病。

一·三·八　又以国家衰弱，及自己无力抵御欺（外）侮，空（平）白生出许多奇异幻想。

一·三·九　这以中年人说，他们是无进取的勇气。

一·三·一〇　以我们平凡的眼光看来，并没有什么特别的地方。

一·三·一一　给我们以美感。

一·三·一二　北平有许多值得人们回忆的特点，而以风给予人的印象最深。

一·三·一三　一个在以强力侵略为能事的

帝国主义的压制下的弱国。

一·三·一四　青年人的处世接物是忠实的，坦白的，中年人的处世接物则以圆滑为原则。

“以”和“则”都是文言的连词，白话文用得却非常多；好像就没有别的相当的词语，非用这两个词不可的样子。其实也不尽然。这里一·三·八的“以”字，可改说“因为”，一·三·九可以说“就”，一·三·一〇可以说“拿”或“照”，一·三·一一和一·三·一二都可以删掉“以”字。一·三·一三按句义看，“以强力侵略为能事的”一语尽可删去；“以……为能事”这个熟语，白话文也用不着，但“以……为……”这句式用处很多，白话文里却没有相当的。如“本会以联络感情、交换知识为宗旨”原算文言，白话可也得这么说。若改成“本会的宗旨是联络感情、交换知识”，固然也明白，可就不够分量似的。一·三·一四“以圆滑为原则”，若改成“是圆滑的”，分量也不同。但这例里的“则”字，尽可以改“却”字。白话文的“则”字，似乎都可以换成“却”字，或“就”字，或“那么”那个短语，并没有困难，作白话文的爱多用“以”和“则”这两个连词，只是懒。这可以说是因袭文言的病。

以上都是从沿用文言着眼。

一·四·一　他要训练大众，产造一个蓬勃的社会。

一·四·二　兴盛多闹的街啊！

一·四·三　一个丑貌的胖老妇。

一·四·四　七嫂子越长越丰肥了。

一·四·五　（风）一时从后面吹来，使你向前蹲上好几步。

一·四·六　因为我口才的不好，说话总被人认为趣材。

一·四·七　操着那急速而带有些气愤的步伐。

一·四·一“产造”，其实是“产生”或“创造”。一·四·二“多闹”，只是“热闹”。一·四·三“丑貌的”，其实是“丑的”或“丑陋的”；这句话也可以说，“丑而胖的老妇”。一·四·四“丰肥”，只是“胖”。一·四·五“蹲”，其实是“冲”（去声）。一·四·六“趣材”，其实是“打趣的材料”。一·四·一到一·四·四的作者，似乎都在有意避熟就生，创造新语。避熟和创新是好的，语言的生长，这是主要的力量，但得有必要才成。时代改变了，环境改变了，有些旧语不确切了，不适宜了，不够表现了，避熟创新是必要的。我们的时代显然是有这个必要的时代。但是像“产生”“创造”“热闹”“丑”“丑陋”“胖”这些词，都还活泼泼的，用不着替身；这几例里所换的新词，反倒见得不亲切。其中“丑貌的”一语，更是文言白话的生凑。一·四·五的作者，也许不知道“冲”（去声）这个词，一·四·六的作者也许不知道“打趣”这个短语，他们觉得有必要创造新语。但按一般的标准看，这些并不是必要的。一·四·七“操”，在文言里原有“使用”的意思，如“操舟”之类；引申为“操练”，就是“练习”。我们说“体操”“军操”，正用的这个意思。一·四·七是描写学生在阅览室里找不着空位子跑出去的情形。说“用着那急速而带有些气愤的步伐”，固然太松泛；说“走着那急速而带有气愤的步伐”，也还见不出那神气。只有“操着”，教我们联想到“体操”和“军操”，才能领会到那股劲儿。只在这种情势之下，避熟创新才是必要的。至于上面几例，都可以说是滥增新语的病。

一·四·八　散步可以说是我日常的功课，无论怎样忙，在饭后也要为它牺牲半个钟头。……它在富兰克林和爱迪生的养身秘诀（里）也占有很重要的地位。它不独在理论上是合法，而且实用起来，也的确够味。

一·四·九　它们（指道德和体格的修养）是需相当长久的时间。

一·四·一〇　和着恐怖奔腾澎湃呼呼的风声。

他称代词的“她”“它”（同“牠”），都是适应翻译的需要而新造的词。白话文受翻译文体的影响极大，也便通用了这两个词。但在我们口里，女性的他称本来也说“他”，现在只是在写下来时换了偏旁，改变很小，所以“她”字到处好用。“它”便不一样。我们口语里向来大都只说“这”“那”“这东西”“那东西”“这件事”“那件事”“这些”“那些”，唯有在“管他呢!”“听他去好了!”一类句子里，“他”有时是指一件事，一种情形，似乎相当于“它”字。但都是轻读，没有重读的，和“它”字毕竟不同。现在的白话文，渐渐接受了“它”这个词。可是只在用作单数来指有形和无形的“物体”时，看着顺眼；若用着复数，或用来指事件、情形、抽象观念，就似乎太生硬、太拗了母舌了。原来“它”和“他”“她”读音相同，跟西文三词异音的不一样；有点限制，也是当然的。一·四·八的“它”若改为“这件事”，一·四·九的“它们”若改为“这些”或“这件事”，便不致像现在这样的别扭了。一·四·一〇“和着”，照原作上看，并不是“应和”的意思，而是连词。那么，只是说“和”就够了。作者用“和着”，是想教“和”字带动词性，造一个新语。但尽可说“夹着”或别的，用不着这么办。这些可以说是强变词例的病。

以上都是从创用新词着眼。

1940年6、12月，《国文月刊》第一、四期

文学与语言

关于这个问题，今天讲的只是常识方面的几句话，打算分作五项讲：

（一）口语与写作

大家都知道，口语在前，写作在后，就是说先有语言，后有文字。口语记录便成功文字。口语跟文字不过是两种工具，用来发表思想表示感情。这两种工具有许多不同的地方，文言跟口语固然差别很多，白话跟口语也不尽同，言文一致只是一种理想，因为口语跟文言、白话的规则有差别，我们有所谓文法句法，应当还有语法。拿口语来讲："他没有来偕？"这句话在文字上须写成"他还没有来？"又如"你吃饭过吗？"，要写成"你吃过饭吗？"才通。

在写作上散文与诗的句法也不相同。譬如"竹喧归浣女”，意思就是“竹喧浣女归”。有些人往往把诗看得很神秘，以为诗不合逻辑就越好，诗人的态度应该是蓄长发穿破皮鞋的。其实诗并无神秘，不过写法不同罢了。最近死去的陈散原，他在张之洞幕府里的时候，有一次伴着张之洞重九登高，做了一首七言律诗，第七句是“作健逢辰领元老”，张之洞看了很不高兴，他以为元老怎么会被人领呢？一被人领了便不元不老了。这句诗的本意就是“作健逢辰元老领”。张之洞也是个诗人，但是他把诗法与文法混在一块了。

其次说到口语，口语的好处，活泼、亲切、自然，说时有姿态、手势来帮助表情。如中国人的眨眨眼，摇摇头，洋人的耸耸肩膀，都表示一种感情。声调语气也有种种变化，有轻重快慢的不同。但说话只能对少数人，广播的说话可以对多数人，不过姿势表情没有了，又少修饰，很使人听得不耐烦。还是不能代替文字的写作。

写作的好处在条理清楚。它没有声调姿势的帮助，便利用条理。文字的简洁或增加，是经过一种选择的。这种选择便是修饰功夫。写作不但条理清楚，而且比说话经济。说五分钟话，写成文字，两分钟就看完了。

（二）白话与文言

白话与文言可说是两种语言。这两种语言的分别，弄清楚了有很多好处。一般人以为文言的阅读须经过脑筋翻译成白话才能明了。写文言文要把白话翻译成文言而后能写成文字。这是一种错误观念。这种观念大概是从学习外国语而来的。因为初学外国语时，须先经过一种翻译才能阅读和写作。其实写文言不必翻译正如精通外国文的人写作和阅读不需要翻译一样。英文学得不好的人，写作时要先打中文稿子，结果便写成中国英文了。拿白话翻成文言，也就不能成真正文言。

有人说文言的好处在简单，白话太繁。这也是不对的，两者都有繁简。博士卖驴，写完三纸，不见驴字。这不是文言的繁吗？繁简只是写作艺术上的问题，不是文言和白话的分别。

就语汇和字汇来分别也不好，白话文中免不了有用文言字的。但就方式说，白话和文言就大不相同了。譬如说，“听父亲的话”，听来很顺耳，说“接受父亲的意见”，在一般年纪老一些的人听来便不大舒服了。“五四”以后，青年人的地位渐渐增高了，说“接受父亲的意见”便不觉怎样不对。“接受父亲的意见”这方式文言中是没有的。生活的改变，语言方式有了新的增加。

韩愈讲文气，他说：“气，水也；言，浮物也，水大而物之浮者，小大毕浮，气之与言犹是也。”这里所谓气，应该是新的语式，韩愈讲究文气，就是用新的语式加入文章。有人说韩愈复古，做古文，我以为他是革新，做新文体。明清的古文家，描写人的对话时，也极力想接近当时说话的口气。原因是当时的生活渐渐改变了，旧文体不能胜任，不得不有变化。最明显的改变是清末梁启超所倡的新文体。

“五四”提倡白话到现在，就文学说，刚立好基础。应用则已很广。至于公文等的应用，仍旧用文言。因为其中好多语式未改变，用文言写来比较方便。譬如：文言中的“尊著”，用白话写就是“你的著作”。这似乎太不客气。写作“你的大作”，便客气些，但就带着文言的味道了。再如“仁兄”这个称呼也不易改变。固然，直呼名字，在“五四”时认为前进；“你我”相称，可以表示亲热，若用于尊长，便见得太亲热了。也可说不大庄敬。

语言是有许多阶层的，正如社会有许多阶层一样。语汇和谈话方式各阶层自成一套。因为教育和环境的不同，所以对语言的了解力也不同。此是纵的方面。横的方面看，散文与诗有着差别，前面已经说过了，而骈文散文也不一样。例如："远迹曹爽，洁身懿师。"这句子，依散文的观点来看，像是说阮籍追随着曹爽，其实这是远避的意思。因为骈文与散文在组织与文法上有很大的差别。

专就散文而论，桐城派的古文与从前的《大公报》的社评也不同。后者可称为新文言或变质的文言，其中夹上许多的新名词，而没有声调之美。古文读起来是可以摇头摆尾的，但读大公报的社评，头摇不起来，尾也摇不出来。所以我们必须用不同的眼光去观察，把它们看成两种东西。

（三）文字与文学

说到文字与文学，最好先从语言上着眼，语言可分表情的与达意的两种。譬如，你在食堂门口碰见朋友，问他"吃饭了没有？"，不吃饭怎么到食堂里来呢？又如问外面进来的朋友："有太阳没有？"太阳当然不会没有的。意思是说看没看见太阳。这些话都是没有什么意思的，不过表示一种对朋友的关心。目的不是达意而是表情。

文学大多是偏重在表示感情的，有人说文字使人知，文学使人感。有把文字的功用分为四种的。一表达意思，二表达感情，三表示口气，四表示目的。其实严格分别是不可能的。大概说来，文字要注重条理，文学更要注重具体描写。例如：“五月榴花照眼明”“枯藤老树昏鸦，小桥流水人家，古道西风瘦马。夕阳西下，断肠人在天涯”，都是凑合许多形象，如给人一幅画图一样。这是文学，不是文字。

诗是最文学的，所表示的感情特别强烈。有人以为诗与散文的不同，是在韵脚和节奏的有无，但骈文有节奏，赋有韵脚，这并不是诗。用诗意来分别也不好，散文中也有富于诗意的。就形式来分也很难，现在的分行的新诗有许多并不像诗。我看，比较保险的分法就是诗的表情比文更强烈一点。

（四）比喻与文学

比喻在口语中我们常常用到它，但在文学中，比喻尤其重要。山头，山脚，都是比喻，用惯了便不觉得。这种比喻是死的，还有活的比喻，如“这个人的舌头像刀一样”“眼睛像星一样”“日本人的泥脚”，等等。

比喻是文学的重要的一部分，它的来源有二：改变旧的，或创造新的。诗人与文人必须常常制造比喻，改造比喻。典故也是一种比喻。放着许多典不用也觉可惜。不过典应有新的用法，偏僻的典不可用。

（五）组织与排列

这可分三节讲：

一、颠倒：为了文字的经济，有时要改变普通的组织排列。如韦应物的诗：“独夜忆秦关，听钟未眠客。”意思上的次序是说一个孤独的旅人，夜里听着钟声，想念秦关而不能入眠。小说中也常有颠倒的写法，劈空而来，再转头说回去，这样更见得有力。

二、重复与夸张：重复就是兜着圈子说，表示加重意思。如古诗：“行行重行行，与君生别离。相去万余里，各在天一涯。道路阻且长，会面安可知……”再如：“东边一棵杨柳树，西边一棵杨柳树。南边一棵杨柳树，北边一棵杨柳树。任他千万杨柳树，怎能挽得离情住？”说来说去，只是一个别离而已。至于夸张，例子多不胜举。就说四川的山歌罢：“你的山歌没得我的多，我的山歌比牛毛多。唱了三年六个月，没有唱完一只牛耳朵。”

三、声律与排比：声律是使文学美化的一个要素，旧诗中的音调都是很美的。新诗则利用节奏。排比在古文学中甚占地位，白话文也少不了它。胡适之先生的文章大家说好，他就是喜欢用排比的，例如：“写字的要笔好，杀猪的要刀好。”

今天讲的只是个大概，至于证例，诸位在阅读时常可找到的。

1943 年 3 月 1 日

鲁迅先生的中国语文观

这里是就鲁迅先生的文章中论到中国语言文字的话，综合地加以说明，不参加自己意见。有些就抄他的原文，但是恕不一一加引号，也不注明出处。

鲁迅先生以为中国的言文一向就并不一致，文章只是口语的提要。我们的古代的记录大概向来就将不关重要的词摘去，不用说是口语的提要。就是宋人的语录和话本，以及元人杂剧和传奇里的道白，也还是口语的提要。只是他们用的字比较平常，删去的词比较少，所以使人觉得“明白如话”。至于一般所谓古文，又是古代口语的提要而不是当时口语的提要，更隔一层了。

他说中国的文或话实在太不精密。向来作文的秘诀是避去俗字，删掉虚字，以为这样就是好文章。其实不精密。讲话也常常会词不达意，这是话不够用；所以教员讲书必须借助于粉笔。文与话的不精密，证明思路不精密，换一句话，就是脑筋有些糊涂。倘若永远用着这种糊涂的语言，即使写下来读起来滔滔而下，但归根结底所得的还是一些糊涂的影子。要医这糊涂的病，他以为只好陆续吃一点苦，在语言里装进异样的句法去，装进古的、外省外府的、外国的句法去。习惯了，这些句法就可变为己有。

他赞成语言的欧化而反对刘半农先生“归真反朴”的主张。他说欧化文法侵入中国白话的大原因不是好奇，乃是必要。要话说得精密，固有的白话不够用，就只得采取些外国的句法。这些句法比较的难懂，不像茶泡饭似的可以一口吞下去，但补偿这缺点的是精密。反对欧化的人说中国人“话总是会说的”，一点不错，但要前进，全照老样子是不够的。即如“欧化”这两个字本身就是欧化的词儿，可是不用它，成吗?

“归真反朴”是要回到现在的口语，还有语录派，更主张回到中古的口语，鲁迅先生不用说是反对的。他提到林语堂先生赞美的语录的便条，说这种东西在中国其实并未断绝过种子，像上海弄堂口摊子上的文人代男女工人们写信，用的就是这种文体，似乎不劳重新提倡。他还反对“章回小说体的笔法”，都因为不够用，不精密。

他赞成语言的大众化，包括书法的拉丁化。他主张将文字交给一切人。他将中国话大略分为北方话、江浙话、两湖川贵话、福建话、广东话，主张地方语文的大众化，然后全国语文的大众化。这全国到处通行的大众语，将来如果真有的话，主力恐怕还是北方话。不过不是北方的土话，而是好像普通话模样的东西。

大众语里也有绍兴人所谓“炼话”。这“炼”字好像是熟练的意思，而不是简练的意思。鲁迅先生提到有人以为“大雪纷飞”比“大雪一片一片纷纷的下着”来得简要而神韵。他说在江浙一带口语里，大概用“凶”“猛”或“厉害”来形容这下雪的样子。《水浒传》里的“那雪正下得紧”，倒是接近现代大众语的说法，比“大雪纷飞”多两个字，但那“神韵”却好得远了。这里说的“神韵”大概就是“自然”“到家”，也就是“熟练”或“炼”的意思。

对文言的“大雪纷飞”，他取“那雪正下得紧”的自然。但一味注重自然是不行的。他主张语言里得常常加进些新成分，翻译的作品最宜担任这种工作。即使为略能识字的读众而译的书，也应该时常加些新的字眼、新的语法在里面。但自然不宜太多；以偶尔遇见而自己想想或问问别人就能懂得的为度。这样逐渐地拣必要的一些新成分灌输进去，群众是会接受的，也许还胜过成见更多的读书人。必须这样，大众语才能够丰富起来。

鲁迅先生主张的是在现阶段一种特别的语言，或四不像的白话，虽然将来会成为“好像普通话模样的东西”。这种特别的语言不该采取太特别的土话，他举北平话的“别闹”“别说”做例子，说太土。可是要上口，要顺口。他说做完一篇小说总要默读两遍，有拗口的地方，就或加或改，到读得顺口为止。但是翻译却宁可忠实而不顺；这种不顺他相信只是暂时的，习惯了就会觉得顺了。若是真不顺，那会被自然淘汰掉的。他可是反对凭空生造；写作时如遇到没有相宜的白话可用的地方，他宁可用古语就是文言，绝不生造，绝不生造“除自己之外谁也不懂的形容词”。

他也反对“做文章”的“做”，“做”了会生涩，格格不吐。可是太“做”不行，不“做”却又不行。他引高尔基的话“大众语是毛坯，加了工的是文学”，说这该是很中肯的指示。他所需要的特别的语言，总起来又可以这样说：“采说书而去其油滑，听闲谈而去其散漫，博取民众的口语而存其比较的大家能懂的字句，成为四不像的白话。这白话得是活的，因为有些是从活的民众口头取来，有些要从此注入活的民众里面去。”

北平《新生报》，1946 年

诵读教学

前天北平报上有黎锦熙先生谈国语教育一段记载。“他认为现在教育成绩最坏的是国文，其原因，第一在忽视诵读技术。……他于二十年前曾提倡新文学运动，也曾经提倡过欧化的文句。可是文法组织相当精密，没有漏洞。现在中学生作文与说话失去了联系，文字和语言脱了节。文字本来是统一的，语言一向是分歧的。拿分歧的语言来写统一的文字，自然发生这种畸形的病象。因此训练白话文的基本技术，应有统一的语言，使分歧的个别的语言先加以统一的技术训练。所以大原则就是训练白话文等于训练国语。所谓‘耳治’‘口治’‘目治’这诵读教学三部曲，日渐纯熟，则古人的‘一目十行’‘七步成诗’并非难事。”这一段记载嫌笼统，不能使我们确切地了解黎先生的意思，但他强调“作文与说话失去了联系，文字和语言脱了节”，强调“诵读教学”，值得我们注意。

所谓“作文与说话失去了联系”，是指写作白话文而言。照上下文看，“失去联系”似乎指作文过分欧化，或者夹杂方言。过分欧化自然和语言脱节，夹杂方言是拿“分歧的个别的语言”来搅乱统一的国语，也就是和国语脱节。欧化是中国现代文化的一般动向，写作的欧化是跟一般文化配合着的。欧化自然难免有时候过分，但是这八九年来在写作方面的欧化似乎已经能够适可而止了。照上下文看，黎先生好像以文法组织严密为适当的欧化的标准。但是一般中国文法书都还在用那欧语的文法做蓝本，在这个意义之下的“文法组织严密”，也许倒会使欧化过分的。这种标准其实还得仔细研究，现时还定不下来。可是我们却能觉察到近些年写作的欧化的确是达到了适可而止的地步。虽然适可而止，欧化总还是欧化，写作和说话总还在脱节。这个要等时候，加上“诵读教学”的帮忙，会渐渐习惯成自然，那时候看上眼顺的，念上口也会顺了，那时候“耳治”“口治”“目治”就一致了。

夹杂方言却与欧化问题不一样。从写作的本人看无论是否中学生，他的文字里夹些方言，恐怕倒觉得合拍些。在读者一面，只要方言用得适当，也会觉得新鲜或别致。这不能算是脱节。我虽然赞成定北平话为标准语，却也欣赏纯方言或夹方言的写作。近些年用四川话写作的颇有几位作家，夹杂四川话或西南官话的写作更多，有些很不错。这个丰富了我们的写的语言；国语似乎该来个门户开放政策，才能成其为国语。

我倒觉察到一些学生作文，过分地依照自己的那“分歧的个别的语言”，而不知道顾到“统一的文字”。这些学生的作文自己读自己听很顺，自己读别人听也顺，可是别人读就不顺了。他们不大用心诵读别人的文字，没有那“统一的文字”的意念，只让自己的语言支配着，所以就出了毛病。这些学生可都是相当的会说话的；要不然，他自己读的时候别人听起来也就不会觉得顺了。从一方面看，这是作文赶不上说话，算是脱节也未尝不可。这些学生该让他们多多用心诵读各家各派的文字；获得那“统一的文字”的调子或语脉——叫文脉也成。这里就见得“诵读教学”的重要了。

现在流行朗诵，朗诵对于说话和作文也有帮助，因为练习朗诵得咬嚼文字的意义，揣摩说话的神气。但是也许更着重在揣摩上。朗诵其实就是戏剧化，着重在动作上。这是一种特别的才能，有独立性；作品就是看来差些，朗诵家凭自己的才能也还会使听众赞叹的。诵读和朗读却不相同。称为“读”就着重在意义上，“读”字本作抽出意义解，读白话文该和宣读文件一般，自然也讲究疾徐高下，却以清朗为主，用不着什么动作。有些白话文有意用说话体，那就应该照话那么“说”；“说”也是清朗为主，有时需要一些动作，也不多。白话文需要读的却比需要说的多得多，所以读、朗读或诵读更该注重。诵读似乎不难训练，读了白话文去背也并不难。只是一般教师学生用私塾念书的调子去读，或干脆不教学生读，以为不好读或不值得读。前者歪曲了白话文，后者也歪曲了白话文，所谓过犹不及。要增进学生了解和写作白话文的能力，是得从正确的诵读教学下手，黎先生的见解是不错的。

北平《新生报》，1946 年

论句子的主词及表句

本刊第一期拙作《新语言》文中说道：“句子都有主词，‘……是……的’句式的多量采用，更是普遍的现代化的现象。”本刊第十二期有吕叔湘先生《中国话里的主词及其他》一文，对于这句话有所指正。“句子都有主词”这一部分确是错的。当时心里是在记起像下面这类的例子：

> 我夜夜如此，听琴已成我的最重要工作。我曾一次想见你，在你那尾声过去之后，我蹑足走到你所在的大厅门口。但我忽而怕你正有着你的伴，我又怕你不愿你以外的人曾听你的琴声；这样，我又在冷空气中空虚的跑回我房。

这是我教过的高级作文班一个学生的习作。除了第二个分句之外，每个分句都有主词“我”字。这里并不想用这个例子来辩护，只想表示现代文句似乎有多用主词的倾向。这一点我现在还是相信着。

这个趋势与标点符号的应用关系很大。因为用了标点符号，我们有了新的“句”的观念。我们有了现代化的“句”的观念。这叫我们看重主词、多用主词。这可以从反面证明。我们用标点符号去标点旧文言，甚至旧白话，往往感到有些地方没法标点下去，怎么也不贴切似的。这就是因为那些写作者，那些语言里，没有我们现代人的文法观念的缘故。日本谷崎润一郎的《文章读本》里指出日本的现代文与古典文有三个不同之处；其中第二句读显明、第三多用主词（一五六面），也正是我国现代文与旧文言、旧白话的不同之处。吕先生文中举过《世说新语》的一个例，说：“这一段译成白话，至少有好几处得把所缺主词或受词补出来。”照吕先生在所引文中所留的主词的空格看，他这句里所谓“白话”，似乎不是旧白话而是现代化的白话文；那么，这也是现代文多用主词的一个好证明了。

现在还有些人不大会用标点符号，先写好了文字，再去标点起来。这真是所谓“加”标点了。后“加”标点的文字里，往往留着旧白话的影子，我在近来所教的作文班的习作里常遇到这种例。且随便举一个：

> 后来（我们母子）又到蒙馆去请求再展期五天（交费）。（我们）不独未蒙（塾师）许可，（塾师）且大骂我们没有良心，叫同学将我的东西抛出馆外。

这儿两句中不见一个主词，正是旧白话的结构。但第一句和第二句的第一、第三分句，各与前句（第一句的前句未引）或前一分句共一主词，不写出主词，还是清楚的；第二句的第二分句与前一分句并不共一主词，不将主词写出，就不大清楚了。这是旧结构的短处。随便翻开手边的《水浒传》，看见这样的句子：

> （我们）如此犯下大罪，闹了两座州城，（他们）必然申奏去了。
>
> 晁盖叫众多小喽啰参拜了新头领李俊等，（小

喽啰）都参见了。（均见百二十回本第四十一回）

也许有人觉得这也够清楚的，但我们的要求是更清楚些。旧结构也有因为主词不清楚而弄错了意义的。《日知录·文章繁简》节有云：

> 《黄氏日抄》言苏子由《古史》改《史记》，多有不当。如《樗里子传》，《史记》曰，“母，韩女也。樗里子滑稽多智。”《古史》曰，“母，韩女也。滑稽多智。”似以母为滑稽矣。然则“樗里子”三字，其可省乎。《甘茂传》，《史记》曰，“甘茂者，下蔡人也。事下蔡史举，学百家之说。”《古史》曰，“下蔡史举，学百家之说。”似史举自学百家矣。然则“事”之一字，其可省乎。以是知文不可以省字为工。字而可省，太史公省之久矣。

用现代的术语说，这里第一例是省略主词的错误，第二例是省略动词的错误；而第二例的省略动词，也就不看重主词。苏辙当然不会有“主词”“动词”这一套文法观念；顾炎武也还是没有，所以只笼统地说是

"省字"。但由这两个例可以看出，就是在旧结构里，主词也还是重要的。

能用标点符号的人，将标点符号当作文字的一部分，不当作文字外的东西。他们写作时，随着句读标点下去；这是"用"进去，不是"加"上去。这些人的文字，现代化的成分大概要多些。标点符号和从前的圈点或句读符号不一样。后者只是加在文字上，帮助读者的了解；对于文字的关系是机械的。前者却是用在文字里，帮助写作者表达情思；对于文字的关系是有机的。标点符号无疑的比句读符号复杂得多、精密得多，现代化的语言是比旧文言旧白话复杂得多、精密得多。可是话说回来，现代化是点点滴滴的改变。不是突然的、全盘的改变。文法的现代化，尤其如此。用了标点符号的现代文化，文法上是不会全盘改成新样式的。这里有些是因为国语的容受量或消化力的缘故，有些是因为习惯——也就是吕先生说的"风趣或力量"——的缘故。国语对于种种新样式的消化力或容受量，还待详密研究，暂时不能具体说明。吕先生所举的不要主词的例子，有些似乎该从这个角度看。至于习惯，就是旧样式的沿用，却是一眼就看出的。即以主词而论，现代化的语言里，还夹杂着一些不写出主词的句子，便是习惯的影响，也是“风趣或力量”的影响。吕先生说到避免“自我主义”，便是这种影响之一。

吕先生指出拙作《新语言》中一些不写出主词的句子。这确可以证明“句子都有主词”那句话是错的；那句话的错，我已经说过了。我所以不在这一些句子里写出主词，当时是不觉得的，现在想来，正是习惯的影响，“风趣或力量”的影响。这可以叫作“熟语化”。现代写作的人，大约不止我一个，似乎都多多少少徘徊于所谓“欧化”与熟语化两条路中间。他们求清楚，不得不“欧化”；他们求亲切，又不得不熟语化。亲切也便是“风趣或力量”。怎样才能教“欧化”与熟语化调和得恰到好处，还待研究和练习。这是留心语言现代化的人所应当努力的。不过就主词而论，我总相信多用主词是现代化的语言的一个主要的倾向。

吕先生又指出拙作里没有尽量采用“……是……的”句式。他所举的例子中间，“却很大方”和“都很新鲜”两句，原稿本来用“是……的”句式，是后来改了的。改的原因是怕同一句式太多，显得单调。这种求变化，也是“风趣或力量”的影响。我所谓“尽量”的“量”，是将这种影响除外的，和吕先生的解释不同。关于“……是……的”这一句式的本身，我也还是相信它“是表现分析的精神的”。但得声明，这是参用一个日本人的意见，他说“花儿是美丽”“这句子比说‘花美’时显然更加分析的判断化了。”（长濑诚《中国文学与用语》，拙译见《大公报·文艺》，二十五年[①]一月十二日）但我觉得“花儿是美丽”，只是加重的语气；“花儿是美丽的”似乎才是“分析的判断化”。“花美”的“美”若看作形容词，这句子自然是表句；可是若照黎锦熙先生“国语文法”的看法，将“美”当作“同动词”，这句子便不是表句而是述句了。所以在《新语言》里，我表示过这种句子的性质是不分明的。“花儿是美丽的”这句子比起“花美”来，就不一样。这里述词改了带“的”尾的形容词，又在主词述词中间加进一个系词做媒介，表句的性质便确定了。现代语言学者虽不很恭维“一句三分”的办法，如吕

① 即1936年。

先生所说，但要解释这两种句式的不同之处，似乎还用得着它。

吕先生说“……是……的”句式原是加重的语气。可是“因为‘是’和‘的’常常连用，（‘这间屋子是我的’，‘这间屋子是我住的’，‘这间屋子是烧砖砌的’）因此产生一种类推作用，‘是’会把‘的’牵出来，‘的’也会把‘是’拉出来”。这样多量采用“……是……的”句式的结果，我们语言里早已备有“消灭它的语气作用的趋势”，不是在现代化的语言里才如此。他又说：

> 现在我们已经制造了并且正在制造着，许多从名词或动词转成的形容词，是不得不加“的”的，而这个“的”字又非把“是”字拉出不可。我们不能说：“这个计划——空想的”，我们说：“这个计划是空想的”。这一类新的形容词天天在增加，……应用这些新形容词（即有“的”尾的）作表句所产生“A是B的”方式，也许会有一天把旧形容词（即原无“的”尾的）全卷进去。可是倘若有这一天，那也是中国语循着某种语言演

变原理（加语尾以变词性：类推作用）所生的结果，和分析精神是没有什么关涉的。

吕先生指出带“的”尾的新形容词的增加和对于旧形容词的影响，是很精辟的见解。但对于上面所引的话，我还有两点不同的意见：一是“……是……的”句式原来并非全是加重的语气；二是“类推作用”的解释有时候还不充足。“……是……的”句式本有两类。一类是加重的语气。如吕先生文中所举“银子是‘白’的，人的眼珠是‘黑’的”，又“无论心中怎么急，他的动作是‘慢’的”（老舍《黑白李》）。这里述词是形容词。又如同文所举“我是‘今天才见着’的”，及“做了女人总是‘要出嫁’的”（《红楼梦》）。这里是述句的表句化，可以还原到述句。另一类不是加重的语气。如同文所举的“这间屋子是我的”。“我的”是带“的”尾的领格；这种句子也像吕先生所说，“的”和“是”是牵拉着的，就是有机的。又如同文所举“这间屋子是我住的”，“这间屋子是烧砖砌的”。这些不是述句的表句化，虽然也可化成特殊的述句；（如前例可化成“这间屋子，我住”，已经是倒装的加重语气；后例可化成“这间屋子烧砖砌”，像通俗韵文里的……子）这是用带“的”尾分句为述词的表句。这一类本不是加重的语气，无所谓“消灭语气作用”与否。

现代化的语言里多量采用的似乎只是前一类本是加重语气的“……是……的”句式。这又有两个方向。第一是多用“天天在增加”的新形容词做表句，因而也就多用旧形容词做表句。这都是现代文中才有的现象，吕先生似乎已经承认了。他用“类推作用”从形态上说明这现象。对于新形容词的表句，这个说明是充足的。那些新形容词“天天在增加”虽然似乎也是分析的精神的表现，但在新形容词的表句中，“的”和“是”是有机的联系，是形态的必然；从形态上说明，自然是充足的。那些旧形容词的表句却就不然。这种句子里的“是”和“的”并不是有机的；像“花美”，不用“是……的”，也还能成一个完整的句子。这种句子确是新形容词的表句的影响，因此确已消灭了原来的加重语气。既不是形态的必然，也不是语气的加重，这种句子存在的理由，除“类推作用”外，似乎还该有些别的。上文说过，这种句子将原来表句述句性质不分明的句子确定为表句；我还相信它们“是表现分析的精神的”。现代文里又多量采用述句的表句化，却保存着那种句子原来的加重语气。这种多量采用，也可拿“类推作用”做充足的说明，和分析精神确是没有什么关涉的。

1939年7月13日

怎样学习国文[①]

国文这科，在学校里是一种重要的功课，与英算居同等的地位。可是现在呢？国文只是名义上的重要了，其主要的原因，就是一般学生存着错误的观念，以为我们是中国人，学中国文，当然是容易的，于是多半对这门功课不很用功。无论白话文也罢，文言文也罢，在学习的时候，往往词不达意的地方很多，这就是没有对国文这科下过一番功夫的缘故。

最近的舆论，以为中学生的国文程度很低落，这种低落，指的是那方面？所谓低落，若是在文言文这方面，确实是比较低落，尤其是近十余年来，中学生学做文言，许多地方真是不通。读文言的能力也不够。

① 本文系作者在昆明中法中学的演讲，段联瑷记录整理。

但从做白话文这方面来说，一般的标准是大大地进步了，对于写景、抒情的能力，尤其非常的可观。可是除此而外，对白话写议论文及应用文的能力，却非常的落后。

中学生对于“读”的功夫是太差了，现在把“读”的意义简单的说一说。“读”这方面，它是包含着了解的程度，及欣赏的程度。就像看一张图画，你觉得它确实太好了，但问你好到什么境地，那么得由你自己去体会，从体会的能力，就见出欣赏的深浅。

古人做一篇文章，他是有了浓厚的感情，发自他的胸腑，才用文字表现出来的。在文字里隐藏着他的灵魂，使旁人读了能够与作者共感共鸣。我们现在读文言，是因为时间远隔，古今语法不同，词汇差别很大，你能否从文字中体会古人的感情呢？这需要训练，需要用心，慢慢地去揣摩古人的心怀，然后才发现其中的奥蕴，这就是一般人觉得文言文了解的程度，比白话文实在是难的地方。

再进一步，可以说，白话与文言固然不同，白话与口语，又何尝一致呢？在“五四”运动的时候，有人提出口号，“文语一致”。这只是理想而已。“文”是许多字句组织起来的，“语”则不然，说话的时候，有声调、快慢、动作等因素来帮助它，可以随便地说，只要使对方的人能够了解。总之，“语”确实是比“文”容易。

文言文，大学生与中学生都不大喜欢读的，大半因为文言文中的词汇不容易了解，譬如文言文中的“吾谁欺?”在白话文中是“我欺负那一个?”的意思。如果你不了解古代文法，也许会想到别的意义上去。然而只要多读它几遍，多体会一下，了解的程度就不同；所以“读”的功夫，我是以为非常重要的。

我们之所以对于典籍冷淡，另一方面，是因为它里面的事实与我们现在不同。电影、汽车、飞机等类，在古代书籍中就见不到。反之，古代许多事物在我们现在也无从看到，譬如官制、礼节、服装等等，必须考据才能知道，这都阻碍我们阅读的兴趣，然而，只要用心，是没有什么困难不可以克服的。

生在民国的人们，学做文章，便不需要像做古文那样费很大的力量，只要你多读近代的作品，欣赏过近代的文学作品，博览过近代的翻译书籍、文学名著，那么，你写的文章，也可以很通顺，这是不用举例证明的。文言文中的应用文，再过二十年，必定也要达到被废弃的境地，因为白话文的势力，渐渐地侵入往来的公文和交际的信函中了。

由于文言文在日常应用上渐渐地失去效用，我们对于过去用文言文写的典籍，便漠不关心，这是错误的思想。因为我们过去的典籍，我们阅读它、研究它，可以得到古代的学术思想，了解古代的生活状况，这便是中国人对于中国历史认识的任务，你多读文言，多研究历史、典籍、古文，这阅读工作的本身就是值得尊重的！

读文言最难的一步工作，是需要查字典、找考证、死记忆，有一种人图省事，对这步工作疏忽，囫囵吞枣地读下去，还自号“不求甚解”，这种态度，太错误了。假若我们模仿陶渊明的“好读书，不求甚解”的态度，那是有害无益的。他的不求甚解，是因为学问已经很渊博了，隐居时才自称“不求甚解”的，这句话含着他的人生观，青年人是万万不能从表面去仿效的。如果你以为他的不求甚解，就是马虎过去的意思，那么你非但没有了解“不求甚解”这句话的意义，对于你所读的书，就更无从了解。

碰见文言中不懂的词汇，除了请教国文老师而外，必须自己去查字典，以求“甚解”。如文言中的“驰骋文场”这成语，有一个人译到外国去是“人在书堆里跑马”的意思，这岂不是笑话吗？又如“巨擘”，原意是指拇指叫作巨擘，而它普通的意义是用来表扬“第一等”或“刮刮叫”等意义的赞语，这些地方就得留神，才不会出错。再举一例：

白日依山尽，黄河入海流，欲穷千里目，更上一层楼。

它在词句上直接表示的意境已非常优美，但这首诗更说出另一种道理，它暗示人生，必须往高处走。所以我们读这首诗的时候，最要紧的是要懂得“言外之意”。又如下例：

铜炉在向往深山的矿苗，瓷壶在向往江边的陶泥……

这两句新诗，它的含意似乎更深了，有些人不解，但如果读了全文，便知道是非常容易明白的话。由此可见，诗里含着高尚的感情，要你多欣赏、多诵读，必能了解得更深刻。

此外关于了解文章的组织，也是必须的，须得把每篇文章做大纲，研究它怎样发展出来、中心在哪里，还要注意它表面的秩序，这种功夫，须得从现在就养成习惯，训练这种精神。

最后，我要告诉大家的，是关于写作方面，那你必须了解“创作”与“写作”的性质是不同的。自“五四”运动以后，许多人都希望成为一个作家，可是在今天，我们所能看见成功了的、出名的，确是寥寥无几。推究失败的原因，是到处滥用文学的感情和用语，时时借文字发泄感情，文学的成分太多了，不能恰到好处，反而失去文学真正的意义。

要纠正我们这些坏习惯，必须从报章文体学习。而我们更要学写议论文，从小的范围着手，拣与实际生活有密切关系的问题练习写，像关于学校中的伙食问题，你抓住要点，清清楚楚地写出来，即是有条理的文章。新闻事业在今世突飞猛进，发展的速度，可以超乎其他文体之上，因为它是简捷而扼要。这种文体，我希望大家能努力去学。与其想成功一个文学家，不如学做一个切切实实的新闻记者。

了解与欣赏

——这里讨论的是关于了解与欣赏能力的训练

了解与欣赏为中学国文课程中重要的训练过程。儿童从小就能对于语言渐渐的了解，不过对于文字的了解必须加以强制学习的训练。成年人平时读书阅报大都是采取一种“不求甚解”的态度。这是一般综合的实用的态度。但在国文教学、教师准备时，必须字字查清楚、弄明白。学生呢，在学习时也必须字字求了解。这与一般不求甚解的态度刚好相反。然而不求甚解的那份能力正是经过分章析句的学习过程而得到的，必须有了咬文嚼字的教学培养后，才能真正达到那种不求甚解的境界；没有经过一番文字分析的训练，欲不求甚解，也不易得呢。通常教授国文的，大都很注重字义。实在除掉注重字义的办法以外，还应当顾及下面的几种分析的方法。

一　句子的形式（句式）

某种特殊句子的形式，不仅是作者在技巧方面的表现，也是作者别有用心处。讲解国文时必须加以说明。例如鲁迅先生的《秋夜》的开端：

> 在我的后园，可以看见墙外有两株树，一株是枣树，还有一株也是枣树。

这不是普通的叙说，句子的形式很特殊，给人一种幽默感。作者存心要表现某种特殊的情感。这儿开始就显示出一个太平凡的境界，因为鲁迅先生所见到的窗外，除掉两株枣树便一无所见。更使人厌倦的是人坐屋里，一抬头望窗外，立刻映入眼帘的东西，就只是两株枣树，爱看也是这些，不爱看也是这些，引起人腻烦的感觉。一种太平凡的境界，用不平凡的句式来显示，是修辞上的技巧。明白了这两句的意思与作用，就兼有了了解与欣赏。又如同篇：

这上面的夜的天空，奇怪而高。

这是作者在文字排列上用工夫，两句都不是普通的说法。上半句表现两层意思：（一）枣树上的天空，（二）夜的天空。两层意思而用一单位表示，是修辞上的经济办法。文字的经济便是一种文学的技巧。平常的语言，可有两式：

夜间这上面的天空……

上面的天空在夜间……

读起来便都有了停顿，时间上显得十分不经济，意思也没有原句透露。下半句“奇怪而高”，口语中常说“高而奇怪”，单词习惯大多放在前面。现在说“奇怪而高”，句法就显得别致，作者在这里便用来表示秋夜天空的特殊。

二　段落

写段落大意是中学国文课上常用的方法。但通常只把各段的大意写出，而于全文分段的作用与关系，往往缺少综合的说明。教师指导学生写段落大意，每段大意，常只用一二句话表示。这里便应当注意语句间的联络，要能显出原文的组织和发展的次序。

三　主旨

教师必须提醒学生注意一篇文章中足以代表全文主旨的重要语句，和指导学生研究全文主旨如何发展。古人称文章中重要的语句为“警句”。警句往往是全篇的线索。读一篇文章最要紧的事便是要能找到线索。文章的线索作者往往把它隐寓在文中的一二句重要的语句里面，例如龚自珍《说居庸关》，“疑若可守然”五字是全文的主旨所在，教师便须注意此主旨的发展。

四 组织

文章组织的变化，也是作者在技巧上用的功夫，说明这种文章组织的变化，是了解与欣赏范围内极重要的事。

例如上举《说居庸关》，“疑若可守然”五字，一段中连用五次；又“自入南口”连用六次。这是叠句法，亦是关键语，在组织上增加一种节奏。最后三小段文章最堪注意，在整齐的组织中寓有变化，末两段一写蒙古人，一写漏税，指出间道，均逼出居庸关之不足守，与前文相应答。

这是组织上的一种变化，读者容易忽略过去的，教时应当加以说明。中间写遇到蒙古人，说了一大段，表示清朝的威严，作者是用赞叹的口气。

五 词语

在一篇文章中应当注意作者惯用的词语和词语的

特殊意义。例如上举《说居庸关》“蒙古”一词指的是蒙古人。

六　比喻、典故、例证

先讲比喻。

康白情的《朝气》，内容是描写农家种植的生活，题目何以称为“朝气”呢？农家生活的描写与朝气究竟有何关系呢？这些问题教师是要暗示学生提出来详细讨论的。农家生活的描写实在是一个比喻，作者是别有寄托的。文学作品中的具体故事，往往带上一些抽象性。大概一个比喻的应用，包含三方面的意义。如《朝气》：

（一）喻依——农家的生活。

（二）喻体——劳工的趣味。

（三）意旨①——由趣味的工作得到美满的结果，显示出生活中朝气的景象。这是文学上表达技巧很重

① 喻依，做比喻的材料；喻体，被比喻的材料；意旨，比喻的用意所在。

要的一条原则，应当让学生区分得很清楚的。又如谢冰心的《笑》，用重复的组织，对于雨、月夜、花莲说出三个笑容，表示爱的调和。“如登仙界，如归故乡”，是极普通的比喻，但能显示出纯洁快乐的意味。

次讲典故。

古文中的用典是学生最感觉麻烦的事情。讲解古文时说明古典出处也是极占时间的。但是教师往往只说明古典本身的意义，而常忽略了这个典故在本文里的作用。这样使读者只记古典出处，便感觉乏味了，更谈不到欣赏。原来用典的作用，也是使文字经济的一种办法，作者因为要表达心中的事或情，不必完全直说，借用过去的一桩熟悉的而且与当下相关的事物来显示。大凡文学上的典故都经过许多作家的手改造过，而成为很好的形式。因此用典的作用，一方面是使文字经济，一方面也是避免直说，增加读者的联想，使内容丰富。现代语体文中典故也是常见的。如冰心的《笑》里用“安琪儿”一词，教时也应当说明其出处。

再讲例证。

在说明文和议论文中有些时候往往遇到抽象的概

念，教师在说解时必须要设法用一两个较具体的例证加以说明。如蔡元培的《雕刻》里面，许多美术上的概念，教师应当设法举出浅显的实例，加以说明。又如东坡说“画中有诗，诗中有画”，也应当举出实例，说明诗与画两者之间所以沟通的道理。

总结起来说，关于了解与欣赏应该特别注意的有三点：

一是语言的经济。注意句读顿停多少与力量是否集中。

一是比较的方法。讲散文时可用诗句做比较，讲诗时可用散文比较。文中的语句可与口中的说话比较，读鲁迅先生的《秋夜》，便可与叶绍钧先生的《没有秋虫的地方》比较。比较的方法对于了解与欣赏是极有帮助的。

一是文字的新变。一个作家必须要能深得用字的妙趣，古人称为“练字”，便是指作家用字时打破习惯而变新的地方，教师就也要在这方面求原文作者的用心。训练的方法，除教师讲解外，在学生方面，熟读的功夫是不可少的。吟诵与了解极有关系，是欣赏必经的步骤。吟诵时对于写在纸上死的语言可以从声音里得其意味，变成活的语气。不过在朗诵时，要能分辨语气的轻重，要使声调有缓急，合于原文意思发展的节奏。注意本文的意思，不要被声音掩盖了，滑过去。默读是不出声的，偏于用眼，但也不要让意思跟了眼睛滑过去。

最后，问题的研究，在读文时是常有的事。但是问题的提出要有分量，要有意义。最好教师只居于被动地位，用暗示方法，帮助学生发现问题，解决问题。

1943 年 3 月

文艺的真实性

我们所要求的文艺，是作者真实的话，但怎样才是真实的话呢？我以为不能笼统地回答；因为文艺的真实性是有种别的，有等级的。

从“再现”的立场说，文艺没有完全真实的，因为感觉与感情都不能久存，而文艺的抒写，又必在感觉消失了、感情冷静着的时候，所以便难把捉了。感觉是极快的，感觉当时，只是感觉，不容做别的事。到了抒写的时候，只能凭着记忆，叙述那早已过去的感觉。感情也是极快的。在它热烈的时候，感者的全人格都没入了，哪里有从容抒写之暇？——一有了抒写的动机，感情早已冷却大半，只剩虚虚的轮廓了。所以正经抒写的时候，也只能凭着记忆。从记忆里抄下的感觉与感情，只是生活的意思，而非当时的生活；

与当时的感觉感情，自然不能一致的。不能一致，就不是完全真实了——虽然有大部分是真实的。

在大部分真实的文艺里，又可分为数等。自叙传性质的作品，比较的最是真实，是第一等。虽然自古哲人说自知是最难的，虽然现在的心理学家说内省是靠不住的，研究自己的行为和研究别人的行为同其困难，但那是寻根究底的话；在普通的意义上，一个人知道自己，总比知道别人多些，叙述自己的经验，总容易切实而详密些。近代文学里，自叙传性质的作品一日一日地兴盛，主观的倾向一日一日地浓厚；法朗士甚至说，一切文艺都是些自叙传。这些大约就因为力求逼近真实的缘故。作者唯恐说得不能入微，故只拣取自己的经验为题材，读者也觉作者为别人说话，到底隔膜一层，不如说自己的话亲切有味，这可叫作求诚之心，欣赏力发达了，求诚之心也便更觉坚强了。

叙述别人的事不能如叙述自己的事之确实，是显然的，为第二等。所谓叙述别人的事，与第三身的叙述稍有不同。叙别人的事，有时也可用第一身；而用第三身叙自己的事，更是常例。这正和自叙传性质的作品与第一身的叙述不同一样。在叙述别人的事的时候，我们所得而凭借的，只有记忆中的感觉，与当事人自己的话，与别人关于当事人的叙述或解释。——这所谓当事人，自然只是些“榜样”（Model）。将这些材料加以整理，仔仔细细下一番推勘的功夫，体贴的功夫，才能写出种种心情和关系；至于显明性格或角色，更需要塑造的功夫。这些心情，关系和性格，都是推论所得的意思；而推论或体贴与塑造，是以自己为标准的。人性虽有大齐，细端末节，却是千差万殊的，这叫作个性。人生的丰富的趣味，正在这细端末节的千差万殊里。能显明这千差万殊的个性的文艺，才是活泼的、真实的文艺。自叙传性质的作品，确能做到一大部分；叙述别人的事，却就难了。因为我们的叙述，无论如何，是以自己为标准的；离不了自己，哪里会有别人呢？以自己为标准所叙别人的心情、关系、性格，至多只能得其轮廓、得其形似而已。自叙凭着记忆，已是间接；这里又加上了推论，便间接而又间接了；愈间接，去当时当事者的生活便愈远了，真实性便愈减少了。但是因为人性究竟是有大齐的，甲所知于别人的固然是浮面的，乙丙丁……所知于别人的也不见得有多大的差异；因此大家相忘于无形，对于

“别人”的叙述之真实性的减少，并不觉有空虚之感。我们在文人叙述别人的文字里，往往能觉着真实的别人，而且觉着相当的满足，就为此故。——这实是我们的自骗罢了。

相像的抒写，从“再现”的立场看，只有第三等的真实性。相像的再现力是很微薄的。它只是些凌杂的端绪（Fringe）、凌杂的影子。它是许多模糊的影子，依着人们随意饾起的骨架，构成的一团云雾似的东西。和普通所谓实际，相差自然极远极远了。影子已经靠不住了，何况又是模糊的、凌杂的呢？何况又是照着人意重新结构的呢？虽然想象的程度也有不同，但性质总是类似的。无论是想象的实事，无论想象的奇迹，总只是些云雾，不过有浓有淡罢了。无论这些想象是从事实来的，是从别人的文字来的，也正是一样。它们的真实性，总是很薄弱的。我们若要剥头发一样的做去，也还能将这种真实性再分为几等；但这种剖析，极难“铢两悉称”，非我的力量所能及。所以只好在此笼统地说，想象的抒写，只有第三等的真实性。

从“再现”的立场所见的文艺的真实性，不是充足的真实性，这令我们不能满意。我们且再从“表现”的立场看。我们说，创作的文艺全是真实的。感觉与感情是创作的材料；而想象却是创作的骨髓。这和前面所说大异了。“创作”的意义绝不是再现一种生活于文字里，而是另造一种新的生活。因为说生活的再现，则再现的生活绝不能与当时的生活等值，必是低一等或薄一层的。况说生活再现于文字里，将文字与生活分开，则主要的是文字，不是生活；这实是再现生活的“文字”，而非再现的“生活”了。这里文艺之于生活，价值何其小呢？说创作便不如此。我前面解释创作，说是另造新生活；这所谓“另造”，骤然看来，似乎有能造与所造，又有方造与既造。但在当事的创作者，却毫不起这种了别。说能造是作者，所造是表现生活的文字，或文字里表现的生活；说方造是历程，既造是成就：这都是旁观者事后的分析，创作者是不觉得的。这种分析另有它的价值，但绝不是创作的价值。创作者的创作，只觉是一段生活，只觉是“生活着”。“我”固然是这段生活的一部，文字也是这段生活的一部；“我”与文字合一，便有了这一段生活。这一段生活继续进行，有它自然的结束；这便是一个历程。在历程当中，生活的激动性很大；剧烈的不安引起创作者不歇的努力。历程终结了，那激动性暂时归于平衡的状态；于是创作者如释了重负，得到一种舒服。但这段生活之价值却不仅在它的结束。创作者并不急急地盼望结束的到临；他在继续的不安中，也欣赏着一步步的成功——一步步实现他的生活。这样，历程中的每一点，都于他有价值了。所以方造与既造的辨别，在他是不必要的；他自然不会感着了。总之，创作只是浑然的一段生活，这其间不容任何的了别的。至于创作的材料则因生活是连续的，而创作也是一段生活，所以仍免不了取给于记忆中所留着的过去生活的影像。但这种影像在创作者的眼中，并不是过去的生活之模糊的副本，而是现在的生活之一部——记忆也是现在的生活；所以是十分真实的。这样，便将记忆的价值增高了。再则，创作既是另造新生活，则运用现有的材料，自然有自由改变之权，不必保持原状；现有的材料，存于记忆中的，对于创作，只是些媒介罢了。这和再现便不同了。创作的主要材料，便是，创作者唯一的向导——这是想象。想象就现有的记忆材料，加以删汰、补充、联络，使新的生活得以完满地实现。所以宽一些说，创作的历程里，实只有想象一件事；其余感觉、感情等，已都融冶于其中了。想象在创作中第一重要，和在再现中居末位的大不相同。这样，创作中虽含有现在生活的一部，即记忆中过去生活的影像，而它的价值却不在此；它的价值在于向未来的生活开展的力量，即想象的力量。开展就是生活；生活的真实性，是不必怀疑的。所以创作的真实性，也不必怀疑的。所以我说，从表现的立场看，创作的文艺全是真实的。

至于自叙或叙别人，在创作里似乎不觉有这样分别。因为创作既不分“能”“所”，当然也不分“人”“我”了。“我”的过去生活的影像与“人”的过去生活的影像，同存于记忆之内，同为创作的材料；价值是相等的。在创作时，只觉由一个中心而扩大，其间更无界划。这个中心或者可说是“我”；但这个“我”实无显明的封域，与平常人所执着的我广狭不同。凭着这个意义的“我”，我们说一切文艺都是自叙传，也未尝不可。而所谓近代自叙传性质的作品增多，或有一大部分指着这一意义的自叙传，也未可知。——我想，至少十九世纪末期及二十世纪的文艺是如此。

在创作时，只觉得扩大一件事。扩大的历程是不能预料的；唯其不能预料，才成其为创造，才成其为生活。我们写第一句诗，断不知第二句之为何——谁能知道“满城风雨近重阳”的下一句是什么呢？就是潘大临自己，也必不晓得的。这时何暇且何能，斤斤斟酌于“人”“我”之间，而细为剖辨呢？只任情而动罢了。事后你说它自叙也好，说它叙别人也好，总无伤于它完全的真实性。胡适的《应该》，俞平伯的《在鹞鹰声里的》，事后看来，都是叙别人的。从“再现”方面看，诚然或有不完全真实的地方。但从“创作”方面看，则浑然一如，有如满月；哪有丝毫罅隙，容得不真实的性质溜进去呢？总之，创作实在是另辟一世界，一个不关心的安息的世界。便是血与泪的文学，所辟的也仍是这个世界。（此层不能在此评论。）在这个世界里，物我交融，但有窈然的向往，但有沛然的流转；暂脱人寰，遂得安息。至于创作的因缘，则或由事实，或由文字。但一经创作的心的熔铸，就当等量齐观，不宜妄生分别。俗见以为由文字而生之情力弱，由事实而生之情力强，我以为不然。这就因为事实与文字同是人生之故。即如前举俞平伯《在鹞鹰声里的》一诗，就是读了康白情的《天亮了》，触动宿怀，有感而作。那首诗谁能说是弱呢？这可见文字感人之力，又可见文字与事实之易相牵引了。上来所说，都足证创作只是浑然的真实的生活；所以我说，创造的文艺全是真实的。

从“表现”的立场看，没有所谓“再现”，“再现”是不可能的。创作只是一现而已。就是号称如实描写客观事象的作品，也是一现的创作，而不是再现；因所描写的是“描写当时”新生的心境（记忆），而不是“描写以前”旧有的事实。这层意思，前已说明。所以“再现”不是与“创作”相对待的。在“表现”的立场里，和“创作”相对待的，是“模拟”及“撒谎”。模拟是照别人的样子去制作。“拟古”“拟陶”“拟谢”“拟某某篇”“效某某体”“拟陆士衡拟古”“学韩”“学欧”……都是模拟，都是将自己揿在他人的型里。模拟的动机，或由好古，或由趋时，这是一方面；或由钦慕，或由爱好，这是另一方面。钦慕是钦慕其人，爱好是爱好其文。虽然从程度上论，爱好比钦慕较为真实，好古与趋时更是浮泛；但就性质说，总是学人生活，而非自营生活。他们悬了一些标准，或选了一些定型，竭力以求似，竭力以求合。他们的制作，自然不能自由扩展了。撒谎也可叫作“捏造”，指在实事的叙述中间，插入一些不谐和的虚构的叙述；这些叙述与前后情节是不一致的，或者相冲突的。从“再现”的立场说，文艺里有许多可以说是撒谎的；甚至说，文艺都是撒谎的。因为文艺总不能完全与事实相合。在这里，浪漫的作品，大部分可以说完全是谎话了。历史小说，虽大体无背于事实，但在详细的节目上，也是撒谎了。便是写实的作品，谎话诚然是极少极少，但也还免不了的。不过这些谎话全体是很谐和的，成为一个有机体，使人不觉其谎。而作者也并无故意撒谎之心。假使他们说的真是谎话，这个谎话是自由的，无所为的。因此，在“表现”的立场里，我们宁愿承认这些是真实的。然则我们现在所谓“撒谎”的，是些什么呢？这种撒谎是狭义的，专指在实事的叙述里，不谐和的、故意的撒谎而言。这种撒谎是有所为的，为了求合于某种标准而撒谎。这种标准或者是道德的，或者是文学的。章实斋《文史通义·古文十弊》篇里有三个例，可以说明这一种撒谎的意义。我现在抄两个给诸君看：

（一）有名士投其母行述……叙其母之节孝：则谓乃祖衰年病废，卧床，溲便无时；家无次丁，乃母不避秽亵，躬亲熏濯。其事既已美矣，又述乃祖于时蹙然不安，乃母肃然对曰：“妇年五十，今事八十老翁，何嫌何疑？”节母既明大义，定知无是言也！此公无故自生嫌疑，特添注以斡旋其事；方自以谓得体，而不知适如冰雪肌肤，剜成疮痏，不免愈濯愈痕瘢矣。

（二）尝见名士为人撰志。其人盖有朋友气谊；志文乃仿韩昌黎之志柳州也。——一步一趋，惟恐其或失也。中间感叹世情反复，已觉无病费呻吟矣；末叙丧费出于贵人，及内亲竭劳其事。询之其家，则贵人赠赙稍厚，非能任丧费也；而内亲则仅一临穴而已，亦并未任其事也。且其子俱长成。非若柳州之幼子孤露，必待人为经理者也。诘其何为失实至此？则曰，仿韩志终篇有云……今志欲似之耳……临文摹古，迁就重轻，又往往似之矣。

第一例是因求合于某种道德标准（所谓“得体”）而捏造事实，第二例是因求似于韩文而附会事实；虽然作者都系“名士”，撒谎却都现了狐狸尾巴！这两文的漏洞（即冲突之处）及作者的有意撒谎，章实斋都很痛快地揭出来了。看了这种文字，我想谁也要觉着多少不舒服的。这种作者，全然牺牲了自己的自由，以求合于别人的定型。他们的作品虽然也是他们生活的一部，但这种生活是怎样的局促而空虚哟！

上面第一例只是撒谎，第二例是模拟而撒谎，撒谎是模拟的果。为什么只将它作为撒谎的例呢？这里也有缘故。我所谓模拟，只指意境、情调、风格、词句四项而言；模拟而至于模拟实事，我以为便不是模拟了。因为实事不能模拟，只能捏造或附会；模拟事实，实在是不通的话。所以说模拟实事，不如说撒谎。上面第二例，形式虽是模拟而实质却全是撒谎；我说模拟而撒谎，原是兼就形质两方而论。再明白些说，我所谓模拟有两种：第一种，里面的事实，必是虚构的，且谐和的，以求生出所模拟之作品的意境、情调。第二种，事实是实有的，只仿效别人的风格与字句。

至于在应该叙实事的作品里，因为模拟的缘故，故意将原有事实变更或附会，这便不在模拟的范围之内，而变成撒谎了。因为实事是无所谓模拟的。至于不因模拟，而于叙实事的作品里插入一些捏造的事实，那当然更是撒谎，不成问题的。这是模拟与撒谎的分别。一般人说模拟也是撒谎。但我觉得模拟只是自动地“从人”，撒谎却兼且被动地“背己”。因为模拟时多少总有些向往之诚，所以说是自动的；因为向往的结果是“依样葫芦”，而非“任性自表”，所以说是“从人”。但这种“从人”，不至“背己”。何以故？从人的意境、字句，可以自圆其说，成功独立的一段生活，而无冲突之处。这是无所谓“背己”的；因为虽是学人生活，但究竟是自己的一段完成的生活。——却不是充足的、自由的生活。至于从人的风格、情调，似乎会“背己”了，其实也不然。因为风格与情调本是多方面的，易变化的。况且一切文艺里的情调、风格，总有其大齐的。所以设身处地去体会他人的情调而发抒之，是可能的。并且所模仿的，虽不尽与“我”合，但总是性之所近的。因此，在这种作品里，虽不能自由发抒，但要谐和而无冲突，是甚容易的。至于撒谎，如前第一例，求合于某种道德标准，只是根于一种畏惧、掩饰之心，毫无什么诚意。——连模拟时所具的一种倾慕心，也没有了。因此，便被动地背了自己的心瞎说了。明明记着某人或自己是没有这些事的，但偏偏不顾是非地说有；这如何能谐和呢？这只将矛盾显示于人罢了。第二例自然不同，那是以某一篇文的作法为标准的。在这里，作者虽有向往之诚，可惜取径太笨了，竟至全然牺牲了自己；因为他悍然地违背了他的记忆，关于那个死者的。因此，弄巧成拙，成了不诚的话了。总之，模拟与撒谎，性质上没有多大的不同，只是程度相差却甚远了。我在这里将捏造实事的所谓模拟不算作模拟，而列入撒谎之内，是与普通的见解不同的；但我相信如此较合理些。由以上的看法，我们可以说，在表现的立场里，模拟只有低等的真实性，而撒谎全然没有真实性——撒谎是不真实的、虚伪的。

我们要有真实而自由的生活，要有真实而自由的文艺，须得创作去；只有创作是真实的，不过创作兼包精粗而言，并非凡创作的都是好的。这已涉及另一问题，非本篇所能详了。

附注：本篇内容的完成，颇承俞平伯君的启示，在这里谢谢他。

1923 年 11 月 17 日

论教本与写作

叶圣陶先生在《对于国文教学的两种基本观念》（四川省教育厅《中等教育季刊》创刊号）里说：

其实国文所包的范围很宽广，文学只是其中一个较小的范围。文学之外，同样被包在国文的大范围里头的，还有非文学的文字，就是普通文字。这包括书信、宣言、报告书、说明书等等的应用文，以及平正地写状一件东西、载录一件事情的记叙文，条畅地阐明一个原理、发挥一个意见的论说文。中学生要应付生活，阅读与写作的训练，就不能不在文学之外同时以这种普通文为对象。

这是对于现阶段的国文教学的最切要的意见，值得大家详细讨论。本篇想就叶先生的话加以引申，特别着重在写作的训练上。

这得从阅读说起。现在许多中学生乃至大学生对于国文教学有一种共同的不满意，就是教材和作文好像是不相关联的，在各走各的路。他们可只觉得文言教材如此。爱做白话文的，觉得文言文不能帮助他们的写作，原在意中。就是愿意学些应用的文言的，也觉得教材的文言五花八门的，样样有一点儿，样样也只有一点儿，没法依据。一般中学生对于教材的白话文，兴趣似乎好些。第一，容易懂，第二，可以学。他们的爱好却偏重在文学，就是教材的白话记叙文（包括描写文）、抒情文的部分。欣赏文学和写作文学似乎是一种骄傲，即使不足夸耀于人，也可以教自己满意。至于说明文和议论文，他们觉得干燥无味，多半忽略过去。再有，白话说明文和议论文适于选作教材的也不多；现在所选的往往只是凑数。这大概也是引不起学生兴趣的一个原因。

文言的教材，目的不外两个：一是给学生做写作的榜样或范本，二是使学生了解本国固有文化。这后一种也可以叫作古典的训练。我主张现在中等学校里已经无须教学生练习文言的写作，但古典的训练却是必要的。不过在现行课程标准未变更以前，中学生还得练习文言的写作。要练习文言的写作，一面得按浦江清先生的提议，初中时代从单句起手（参看附录）；一面文言教材也当着重在榜样或范本上，将古典的训练放在其次，不该像现在这样五花八门的，不该像现在这样只顾课程标准的表面，将那些深的、僻的文字都选进去。浦先生还主张将白话文和文言文分为两个课程，各有教本，各有教师。这个我也赞成。我赞成，为的这样办可以教人容易明白文言是另一种语言，而且是快死的语言。不管我的意见如何，这办法训练学生写作文言，不致像现在这样毫无效果，白费教学者的工夫，是无疑的。而施行起来，只须注意教师的分配，并不要增加教师的员额，似乎也没有多少困难。——无论怎样，文言教材总得简单化，文字要经济，条理要清楚；除诗歌专为培养文学的兴趣应该另论外，初高中都该选这种文言做教材，决不能样样都来一点儿。这样才容易学习，学会了才可以应用。

浦先生主张将《古文观止》作为高中的文言教本，

是很有道理的。清末民初的家庭里训练子弟写作文言，就还用《古文观止》或同性质的古文选本做教本。这些子弟同时也读“四书”“五经”，那却纯然是古典的训练。他们读了《古文观止》，多数可以写通文言，拿来应用。一方面固然因为他们花的工夫多，教本的关系似乎也很大。不过《古文观止》现在却不大适用了，或者说不大够用了。清末民初一般应用的文言还跟《古文观止》的主要部分——唐至明，所选的文一贯的是唐宋八家的作风——差不很多。那时报纸杂志上的文字都还打起调子，可以为证。现在可不然。杂志上文言极少见，报纸虽还多用文言，但已不大用之乎者也矣焉哉等虚字来表情，也就是不打起调子了。这从各报的文言的社论中最可见出。现在报纸上一般文言实在已经变得跟白话差不多，因为记录现代的生活，不由得要用许多新的词汇和新的表现方式；白话也还是用的这些词汇和表现方式。这种情形从一方面看，也许可称为文言的白话化。在这种情形下，用《古文观止》做应用的文言的范本，显然是不大够的。

但是《古文观止》还不失为一部可采用或依据的教本，因为现在应用的文言的基本句式还是出于唐宋八家文的多。我想再加两部书补充《古文观止》的不足：一是梁启超先生的《常识文范》（中华版），二是《蔡孑民先生言行录》（新潮社版）。这两部书里所收的都是清末和民初的杂志文字。梁先生的文字比较早些，典故多些，句式也杂些，得仔细选录。蔡先生的，简明朴素，跟现行的应用的文言差不多，初中里就可以用。这部书已经绝版，值得重印。浦先生也主张“选晚清到民国的文言文”，作为另外一种读本，给学生略读。我专举这两部书，是觉得就清末民初的文言文而论，也许这两部书里适宜于中学生的教材多些。此外自然也可以选录别的。这两部书里大部分是议论文，小部分是说明文。曾国藩说古文不宜说理；古文里的说明文和议论文有不确切的毛病。这两部书的说理比古文强得多。这也是我推荐的一个原因。

还有，叶先生所说的书信、宣言、报告书、说明文等等“普通文”，也该酌量选录。这些一向称为应用文，所谓“应用”是狭义的。我觉得无须另立应用文的名目。另立名目容易使学生误会，这些应用文之外，别的文都是不能应用的，因此不免忽略。而他们对于这些应用文也未必有兴趣，为的还用不着。再说教本里选一些这种应用文，只是示范，真用的时候还得去查专书。所以我觉得不如伙在别的教材一起，而使全部的文言教材主要的目的都为了应用——这里所谓应用是广义的。课程标准里所列举的“总理传说及遗著”直到“党国先进言论”，一部分也是所谓应用文，也可混合选入。清末民初的文言跟这些，都该有一部分列在精读教材里，和古文占同等地位。因为从训练写作一方面看，这两种教材比古文还更切用些。至于全部文言教材如何按照课程标准斟酌变通地去分配去安排，问题很多，本篇不能讨论。

白话文教材好像容易办些。古白话文不多，现代白话文历史很短，选材的问题自然简单些。不过白话文的发展还偏在文学一面，应用的白话文进步得很缓。记叙文（包括描写文）、抒情文，选起来还容易，说明文、议论文，就困难，经济而条理密的少，内容也往往嫌广嫌深，不适于中学生。现在教本里所选的有许多只是凑数。就是记叙文，也因篇幅关系只能选短些的，不无迁就的时候。至于其他应用的白话文，如书信等等，似乎刚在发展，还没有什么表现，自然更难选录。因此白话文教材主要的只是文学作品。而现代文学还在开创时期，成名比较容易，青年人多半想尝试一下。于是乎一般中学生的写作不约而同地走上创作的路。他们所爱读的也只是文学教材，就是记叙文和抒情文。但是二十多年来成功的固然有，失败的却是大多数。其中写不通白话文的姑不必论，有些写通了的也不能分辨文章的体裁，到处滥用文学的调子。叶先生文里说他“曾经接到过几个学生的白话信，景物的描绘与心情的抒写全像小说，却与写信的目的全不相干”。这种信只是些浮而不实的费话，滥用文学的调子只是费话而已。可是，如上文所说，这种情形不能全由学生负责，白话文的发展，所谓客观条件，也有决定的力量。

欣赏文学的兴趣和能力自然是该培养的。但是到处滥用文学的调子并不能算欣赏文学。这种兴趣是不正确的。这些学生既然不大能辨别文学和非文学的界限，他们的欣赏能力也就靠不住。欣赏得从辨别入手，辨别词义、句式、条理、体裁，都是基本。囫囵吞枣的欣赏只是糊涂的爱好，没有什么益处。真能欣赏的人不一定要自己会创作；从现在分工的时代看，欣赏和创作尽不妨是两回事儿。施蛰存先生在《爱好文学》

一文（二十八年[①]五月十八日《中央日报》昆明版）里说："我们欢迎多数青年人爱好文学而不欢迎多数爱好文学的青年大家都动手写作（即创作）。爱好文学是表示他对于文学有感情，但要成为一个好的创作家，仅仅靠这一点点感情是不够的。"这是很确切的话。不过欣赏文学的结果，自己的写作受些影响，带些文学的趣味，却是不难的，也是很好的，虽然不是必要的。我们可以引用梁启超先生的话，说这是"笔锋常带情感"。但是不带或少带情感的笔锋只要用得经济、有条理，也可以完成写作的大部分的使命。

不过有"创作"做目标，学生对于写作的兴趣好得多；他们觉得写作是有所为的，不止是机械的练习。固然，写作是基本的训练，是生活技术的训练——说是做人的训练也无不可。可是只这个广泛的目标是不能引起学生注意的。清末民初的家庭里注重子弟的写作，还是科举的影响。父兄希望子弟能文，可以做官。子弟或者不赞成做官这目标，或者糊里糊涂，莫名其妙，但在父兄的严切的督促之下，都只跟着走。这时

① 即1939年。

期写作训练是有切近的目标的。早期的中学校章程里似乎没有课程标准。那时一般人对于国文课程的看法，一半恐怕还是科举的，一半或少数也许看作做人的训练的一部分。后来教育部定出了课程标准，国文课程的目标有一条是，“养成用语体文及语言（初中）以及文言文（高中）叙事、说理、表情、达意之技能”。这是写作的目标。课程标准里自然只能定到这个地步，但对于一般中学生，这里所定的还嫌广泛些。早期一般中学生的练习写作，是没有切近的目标的；他们既鄙弃科举的观念，也不明白做人的训练的意念。他们练习写作只是应付校章；这中间自然不少只图敷衍塞责的。但那时学校的一般管理还严，学生按时练习写作的究竟还是多数。“五四”运动以后，一般学校的管理比较松懈起来，有些国文教师，以及许多学生，对于写作练习都有偷懒的情形，往往有一学期只作文一二次的。有时教师连这一两回作文都不改，只悄悄地没收，让它们散失了去。可是另一面也有许多学生自己找着了写作的目标，就是创作，高兴地写下去；或按教师规定的期限，或只管自己写下去。一般的说，这二十年来中学生的白话文——特别是记叙文、抒情文方面——确有不小的进步，虽然实际上进步的还只是少数人。他们是找着了创作这个切近的目标，鼓起兴趣，有所为的写作，才能如此。

训练学生写作而不给他们指示一个切近的目标，他们往往不知道是为了给谁读的。当然，他们知道写了是要给教师读的；实际也许只有教师读，或再加上一些同学和自己的父兄。但如果每回写作真都是为了这几个人，那么写作确是没有多大趣味。学生中大约不少真会这样想，于是乎不免敷衍校章、潦草塞责的弊病，可是学生写作的实际的读者虽然常只是这几个人，假想的读者却可以很多。写作练习大部分是拿假想的读者做对象，并非拿实际的读者做对象。只有在“暑假回家写给教师的信”“给父亲的信”“给张同学的信”一类题目里，这些实际的读者同时成为假想的读者。假想的读者除了父兄、教师、亲近的同学或朋友外，还有全体同学、全体中学生、一般青年人、本地人士、各社团、政府、政府领袖、一般社会，以及其他没数到的。

写作练习是为了应用，其实就是为了应用于这种种假想的读者。写作练习可以没有教师，可不能没有假想的读者。一向的写作练习都有假想的读者。清末民初的家庭教子弟写作古文，假想的读者是一般的社会和考试官。中学生练习写作，假想的读者通常是全体同学或一般社会。如“星期日远足记”之类，便大概是假定给全体同学读的。可是一般的师生都忽略了假想的读者这个意念。学生写作，不意识到假想的读者，往往不去辨别各种体裁，只马马虎虎写下去。等到实际应用，自然便不合式。拿创作做写作目标，假想的读者是一般社会。但是只知道一种假想的读者而不知道此外的种种，还是不能有辨别力。上文引的叶先生所说的学生的信便是一例。不过知道有假想的读者的存在，总比马马虎虎不知到底写给谁读的好些。

我觉得现在中学生的写作训练该拿报纸上和一般杂志上的文字做切近的目标，特别是报纸上的文字。报纸上的文字不但指报纸本身的新闻和评论，并包括报纸上登载的一切文件——连广告在内——而言。这有三种好处。第一，切用，而且有发展；第二，应用的文字差不多各体都有；第三，容易意识到各种文字的各种读者。而且文言文和白话文的写作都可以用这个目标——近些年报纸上种种特写和评论用白话文的已经不少。因为报纸上登载着各方面的文件，对象或宽或窄，各有不同，口气和体裁也不一样，学生常常比较着看，便容易见出读者和文字的关系是很大的，他们写作时也便渐渐会留心他们的假想的读者。报纸和杂志上却少私人书信一体，这可以补充在教材里。报纸上和杂志上的文字的切用，是无须说明的。至于有发展，是就新闻事业看。新闻事业的发展是不可限量的。从事于新闻或评论的写作，或起草应用的文件登在报纸或杂志上，也是一种骄傲，值得夸耀并不在创作以下。现在已经有少数的例子，长江先生是最知名的。这不能单靠文字，但文字是基本的工具。这种目标可以替代创作的目标，它一样可以鼓起学生的兴趣，教他们觉得写作是有所为的而努力做去。

也许有人觉得“取法乎上，仅得乎中”，报纸和一般杂志上的文字往往粗率浮夸，拿来做目标，恐怕中学生写作会有“每况愈下”之势。这未免是过虑。报纸和杂志上的文字，粗率浮夸固然是不免的，但文学作品里也未必没有这种地方。且举英文为例，浮勒尔兄弟（Fowler）合著的《英文正宗》（*The King's English*）里便举出了许多名家的粗率浮夸的句子，这是一。报纸杂志上也有谨慎亲切的文字，这是二。近些年报纸进步，有一些已经注意它们的文字，这是三。学生“取法乎上”，尽可以多读那些公认的好报纸好杂志。在这些报纸杂志里，他们由于阅读的经验，也会辨别哪些文字是粗率浮夸的，哪些不是的。

况且报纸杂志只是课外读物。我只说拿报纸杂志上的文字做目标，并没有说用它们为教材；教材固然也可以从报纸和一般杂志上选一些，可是主要的并不从它们选出。文言教材，上文已详论。我所推荐的梁、蔡两位先生的书原来倒差不多都是杂志上的文字。不过他们写作的训练有深厚的基础，即使有毛病，也很少。白话文教材，下节还要申论。我不主张多选报纸和一般杂志上的文字做教材，主要的原因是这些文字大部分有时间性，时过境迁便无意味。再有，教材不单是写作的榜样或范本，还得教学生了解本国固有文化和养成欣赏文学的兴趣，报纸和一般杂志上的文字差不多都是有时间性的，自然不能有这两种效用。但是这些文字用来做学生写作的目标，却是亲切有效的。学生大概都读报纸杂志。让他们明白这些里面的文字便是他们写作的目标，他们会高兴地一面运用教材所给予他们的训练，一面参照自己阅读报纸杂志的经验，努力学习。这些学生将来还能加速报纸和杂志上的文字的进步。

报纸杂志上说明文和议论文很多，也可以多少矫正现阶段国文教学偏枯的毛病。课程标准里定的说明文和议论文的数量不算太少，但适当的教材不容易得着。文言的往往太肤廓，或太琐碎。白话文更难，既少，又深而长；教材里所选的白话文说明文和议论文多半是凑数的。学生因为只注意创作，从教材里读到的说明文和议论文又很少合他们的脾胃或程度的，也就不愿意练习这两体的写作。有些学生到了大学一年级，白话记叙文可以写通，这两体却还凌乱庞杂，不成样子；文言文也是记叙体可看些。若指出报纸和一般杂志上的文字是他们写作的目标，他们也许多注意报纸杂志上说明文和议论文而渐渐引起兴趣。那些文字都用现代生活做题材，学生总该觉得熟悉些、亲切些；即使不能完全了解，总不至于摸不着头脑。一面在写作练习里就他们所最熟悉的生活当中选出些说明文和议论文的题目，让他们能够有话说，能够发挥自己的意见、形成自己的判断，不至于苦掉笔头。

中学生并不是没有说明和议论的能力，只看他们演说便可知道。中学生能演说的似乎不少，可是能写作说明文和议论文的确很少。演说的题目虽大，听者却常是未受教育或少受教育的民众，至多是同等的中学生，说起来自然容易些。写作说明文或议论文，不知不觉间总拿一般社会做假定的读者，这自然不是中学生的力量所能及。所以要教学生练习这两体的写作，只能给他们一些熟悉的小题目，指明中学生是假想的读者，或者给一些时事题目，让他们拟演说词或壁报文字，假想的读者是一般民众，至多是同等的中学生。这才可以引他们入胜。说起壁报，那倒是鼓励学生写作的一个好法子。因为只指出假想的读者的存在，而实际的读者老是那几个人，好像支票不能兑现，也还是不大成。总得多来些实际的读者才好。从前我教中学国文，有时选些学生的文课张贴在教室墙壁上，似乎很能引起全班的注意，他们都去读一下。壁报的办法自然更有效力，门类多，回数多。写作者有了较广大的实际的读者群，阅读者也可以时常观摩。一面又可以使一般学生对于拿报纸上和一般杂志上文字做写作的目标有更亲切的印象。这是一个值得采取的写作设计。

不过，教材里的白话说明文和议论文，也得补救一下。这就牵涉到白话文的发展。白话讽刺文和日常琐论——小品文的一型——都已有相当的发展，这些原也是议论文和说明文的支派，但是不适于正式应用。青年人学习这些体的倒不少，聪明的还透露一些机智，平常的不免委琐叫嚣。这些体也未尝不可学，但只知有这些，就太偏太窄了。适于应用的还是正式的论。我们读英文，读本里常见倍根《论读者》、牛曼《君子人》等短论。这些或说明、或议论，虽短，却也是正式的论文。这一体白话文里似乎还少，值得发展起来。这种短论最宜于做教材。我们现在不妨暂时借材异国，将这种短论译出些来用。马尔腾的《励志哲学》也是这一类，可惜译笔生硬，不能做范本。查斯特罗的《日常心理漫谈》译本（生活版），性质虽然略异，但文字经济、清楚，又有趣味，高中可以选用。《爱的教育》译本（开明版）里有些短篇说明和议论，也可节取。此外，长篇的创作译作，以及别的书里，只要有可节取的适宜的材料，都不妨节取。不过这得费一番搜索的功夫。冯友兰先生的《新世训》（开明版）指示生活的方法，可以做一般人的南针；他分析词义的精密，建立理论的谨严，论坛中极少见。他的文字虽不是纯粹白话文，但不失为上选的说明文和议论文。高中学生一面该将这部书作为课外读物，一面也该节取些收在教材里。

其实别的教材也该参用节取的办法，去求得适当的入选文字。即如小说，现在似乎只是旧小说才节取。新的便只选整个的短篇小说，而且还只能选那些篇幅短的。篇幅长的和长篇小说里可取的部分只得割爱。入选的那些篇幅虽短，却也未必尽合式；往往只是为了篇幅短将就用着。整篇的文字当然是主要的，但节取的文字尽可以比现在的教材里多参用些。节取的范围宽，得多费工作；还得费心思，使节取的部分自成一个相当完整的结构。文学作品里节取出来的不一定还是文学，也许只是应用的文字。但现在缺乏的正是应用的白话文，能多节取些倒是很合用的。

至于白话的私人书信，确是很少。将来倒是一定会普遍的。教材里似乎也只能暂时借用译文。译文有两种：一是译古为今，一是译外为中。书信是最亲切的文体，单是译外为中恐怕不足，所以加译古为今一项。当然要选那些可能译的译，而且得好译手。例如苏轼《黄州与秦太虚书》一类，就可以一试。《曾国藩家书》似乎也可选译一些。这些书信都近于白话，译起来自然些。这种翻译为的是建立白话书信的体裁，并不是因为原文难懂，选那些近于白话的，倒许可以见功些。英文《蔡公家书》，有文言译本，题为《蔡公家训》（商务本）；译文明白，但不亲切自然。这部家书值得用白话重译一回；白话译也许可以贴切些。若是译笔好，那里面可选的教材很多。——朱光潜先生有《给青年的十二封信》（开明版），讨论种种问题，是一部很适于青年的书。其中文字选入教本的已经不少。这部书兼有书信和说明文议论文的成分，跟《蔡公家书》是同类的。

鲁迅《药》指导大概

药

一

① 秋天的后半夜，月亮下去了，太阳还没有出，只剩下一片乌蓝的天；除了夜游的东西，什么都睡着。华老栓忽然坐起身，擦着火柴，点上遍身油腻的灯盏，茶馆的两间屋子里，便弥满了青白的光。

②“小栓的爹，你就去么？”是一个老女人的声音。里边的小屋子里，也发出一阵咳嗽。

“唔。”老栓一面听，一面应，一面扣上衣服；伸手过去说，“你给我罢。”

华大妈在枕头底下掏了半天，掏出一包洋钱，交给老栓，老栓接了，抖抖的装入衣袋，又在外面按了两下；便点上灯笼，吹熄灯盏，走向里屋子去了。那屋子里面，正在窸窸窣窣的响，接着便是一通咳嗽。老栓候他平静下去，才低低的叫道，“小栓……你不要起来。……店么？你娘会安排的。”

③ 老栓听得儿子不再说话，料他安心睡了；便出了门，走到街上。街上黑沉沉的一无所有，只有一条灰白的路，看得分明。灯光照着他的两脚，一前一后的走。有时也遇到几只狗，可是一只也没有叫。天气比屋子里冷得多了；老栓倒觉爽快，仿佛一旦变了少年，得了神通，有给人生命的本领似的，跨步格外高远。而且路也愈走愈分明，天也愈走愈亮了。

④ 老栓正在专心走路，忽然吃了一惊，远远里看见一条丁字街，明明白白横着。他便退了几步，寻到一家关着门的铺子，蹩进檐下，靠门立住了。好一会，身上觉得有些发冷。

⑤“哼，老头子。”

“倒高兴……。”

老栓又吃一惊，睁眼看时，几个人从他面前

过去了。一个还回头看他，样子不甚分明，但很像久饿的人见了食物一般，眼里闪出一种攫取的光。老栓看看灯笼，已经熄了。按一按衣袋，硬硬的还在。仰起头两面一望，只见许多古怪的人，三三两两，鬼似的在那里徘徊；定睛再看，却也看不出什么别的奇怪。

⑥ 没有多久，又见几个兵，在那边走动；衣服前后的一个大白圆圈，远地里也看得清楚，走过面前的，并且看出号衣上暗红色的镶边。——一阵脚步声响，一眨眼，已经拥过了一大簇人。那三三两两的人，也忽然合作一堆，潮一般向前赶；将到丁字街口，便突然立住，簇成一个半圆。

⑦ 老栓也向那边看，却只见一堆人的后背；颈项都伸得很长，仿佛许多鸭，被无形的手捏住了的，向上提着。静了一会，似乎有点声音，便又动摇起来，轰的一声，都向后退；一直散到老栓立着的地方，几乎将他挤倒了。

⑧“喂！一手交钱，一手交货！”一个浑身黑色的人，站在老栓面前，眼光正像两把刀，刺得老栓缩小了一半。那人一只大手，向他摊着；一只手

却撮着一个鲜红的馒头，那红的还是一点一点的往下滴。

⑨ 老栓慌忙摸出洋钱，抖抖的想交给他，却又不敢去接他的东西。那人便焦急起来，嚷道，“怕什么？怎的不拿！”老栓还踌躇着；黑的人便抢过灯笼，一把扯下纸罩，裹了馒头，塞与老栓；一手抓过洋钱，捏一捏，转身去了。嘴里哼着说，“这老东西……。”

⑩“这给谁治病的呀？”老栓也似乎听得有人问他，但他并不答应；他的精神，现在只在一个包上，仿佛抱着一个十世单传的婴儿，别的事情，都已置之度外了。他现在要将这包里的新的生命，移植到他家里，收获许多幸福。太阳也出来了；在他面前，显出一条大道，直到他家中，后面也照见丁字街头破匾上“古□亭口”这四个黯淡的金字。

二

⑪ 老栓走到家，店面早经收拾干净，一排一排的茶桌，滑溜溜的发光。但是没有客人；只有小栓坐在里排的桌前吃饭，大粒的汗，从额上滚下，

夹袄也贴住了脊心，两块肩胛骨高高凸出，印成一个阳文的“八”字。老栓见这样子，不免皱一皱展开的眉心。他的女人，从灶下急急走出，睁着眼睛，嘴唇有些发抖。

“得了么？”

“得了。”

⑫ 两个人一起走进灶下，商量了一会；华大妈便出去了，不多时，拿着一片老荷叶回来，摊在桌上。老栓也打开灯笼罩，用荷叶重新包了那红的馒头。小栓也吃完饭，他的母亲慌忙说：——

“小栓——你坐着，不要到这里来。”

一面整顿了灶火，老栓便把一个碧绿的包，一个红红白白的破灯笼，一同塞在灶里；一阵红黑的火焰过去时，店屋里散满了一种奇怪的香味。

⑬“好香！你们吃什么点心呀？”这是驼背五少爷到了。这人每天总在茶馆里过日，来得最早，去得最迟，此时恰恰蹩到临街的壁角的桌边，便坐下问话，然而没有人答应他。“炒米粥么？”仍然没有人应。老栓匆匆走出，给他泡上茶。

⑭“小栓进来罢！”华大妈叫小栓进了里面的

屋子，中间放好一条凳，小栓坐了。他的母亲端过一碟乌黑的圆东西，轻轻说：——

“吃下去罢，——病便好了。”

⑮ 小栓撮起这黑东西，看了一会，似乎拿着自己的性命一般，心里说不出的奇怪。十分小心的拗开了，焦皮里面窜出一道白气，白气散了，是两半个白面的馒头。——不多工夫，已经全在肚里了，却全忘了什么味；面前只剩下一张空盘。他的旁边，一面立着他的父亲，一面立着他的母亲，两人的眼光，都仿佛要在他身里注进什么又要取出什么似的；便禁不住心跳起来，按着胸膛，又是一阵咳嗽。

⑯“睡一会罢，——便好了。”

小栓依他母亲的话，咳着睡了。华大妈候他喘气平静，才轻轻的给他盖上了满幅补钉的夹被。

三

⑰ 店里坐着许多人，老栓也忙了，提着大铜壶，一趟一趟的给客人冲茶；两个眼眶，都围着一圈黑线。

“老栓，你有些不舒服么？——你生病么？”一个花白胡子的人说。

“没有。”

“没有？——我想笑嘻嘻的，原也不像……”花白胡子便取消了自己的话。

⑱“老栓只是忙。要是他的儿子……”驼背五少爷话还未完，突然闯进了一个满脸横肉的人，披一件玄色布衫，散着纽扣，用很宽的玄色腰带，胡乱捆在腰间。刚进门，便对老栓嚷道：——

“吃了么？好了么？老栓，就是运气了你！你运气，要不是我信息灵……”

⑲ 老栓一手提了茶壶，一手恭恭敬敬的垂着；笑嘻嘻的听。满座的人，也都恭恭敬敬的听。华大妈也黑着眼眶，笑嘻嘻的送出茶碗茶叶来，加上一个橄榄，老栓便去冲了水。

⑳“这是包好！这是与众不同的。你想，趁热的拿来，趁热吃下。”横肉的人只是嚷。

“真的呢，要没有康大叔照顾，怎么会这样……”华大妈也很感激的谢他。

“包好，包好！这样的趁热吃下。这样的人血馒头，什么痨病都包好！”

华大妈听到“痨病”这两个字，变了一点脸色，似乎有些不高兴；但又立刻堆上笑，搭讪着走开了。这康大叔却没有觉察，仍然提高了喉咙只是嚷，嚷得里面睡着的小栓也合伙咳嗽起来。

㉑“原来你家小栓碰到了这样的好运气了。这病自然一定全好；怪不得老栓整天的笑着呢。”花白胡子一面说，一面走到康大叔面前，低声下气的问道，“康大叔——听说今天结果的一个犯人，便是夏家的孩子，那是谁的孩子？究竟是什么事？”

㉒“谁的？不就是夏四奶奶的儿子么？那个小家伙！”康大叔见众人都耸起耳朵听他，便格外高兴，横肉块块饱绽，越发大声说，“这小东西不要命，不要就是了。我可是这一回一点没有得到好处；连剥下来的衣服，都给管牢的红眼睛阿义拿去了。——第一要算我们栓叔运气；第二是夏三爷赏了二十五两雪白的银子，独自落腰包，一文不花。”

㉓ 小栓慢慢的从小屋子走出，两手按了胸口，不住的咳嗽；走到灶下，盛出一碗冷饭，泡上

热水，坐下便吃。华大妈跟着他走，轻轻的问道，“小栓你好些么？——你仍旧只是肚饿？……”

㉔“包好，包好！”康大叔瞥了小栓一眼，仍然回过脸，对众人说，“夏三爷真是乖角儿，要是他不先告官，连他满门抄斩。现在怎样？银子！——这小东西也真不成东西！关在牢里，还要劝牢头造反。”

“阿呀，那还了得。”坐在后排的一个二十多岁的人，很现出气愤模样。

“你要晓得红眼睛阿义是去盘盘底细的，他却和他攀谈了。他说，这大清的天下是我们大家的。你想：这是人话么？红眼睛原知道他家里只有一个老娘，可是没有料到他竟会那么穷，榨不出一点油水，已经气破肚皮了。他还要老虎头上搔痒，便给他两个嘴巴！”

“义哥是一手好拳棒，这两下，一定够他受用了。”壁角的驼背忽然高兴起来。

㉕“他这贱骨头打不怕，还要说可怜可怜哩。”

花白胡子的人说，“打了这种东西，有什么可怜呢？”

康大叔显出看他不上的样子，冷笑着说，“你没有听清我的话；看他神气，是说阿义可怜哩！”

听着的人的眼光，忽然有些板滞；话也停顿了。小栓已经吃完饭，吃得满身流汗，头上都冒出蒸气来。

㉖“阿义可怜——疯话，简直是发了疯了。”花白胡子恍然大悟似的说。

“发了疯了。”二十多岁的人也恍然大悟的说。

店里的坐客，便又现出活气，谈笑起来。小栓也趁着热闹，拼命咳嗽；康大叔走上前，拍他肩膀说：——

“包好！小栓——你不要这么咳。包好！”

“疯了。”驼背五少爷点着头说。

四

㉗ 西关外靠着城根的地面，本是一块官地；中间歪歪斜斜一条细路，是贪走便道的人，用鞋底造成的，但却成了自然的界限。路的左边，都埋着死刑和瘐毙的人，右边是穷人的丛冢。两面

都已埋到层层迭迭，宛然阔人家祝寿时候的馒头。

㉘ 这一年的清明，分外寒冷；杨柳才吐出半粒米大的新芽。天明未久，华大妈已在右边的一座新坟前面，排出四碟菜，一碗饭，哭了一场。化过纸，呆呆的坐在地上；仿佛等候什么似的，但自己也说不出等候什么。微风起来，吹动他短发，确乎比去年白得多了。

㉙ 小路上又来了一个女人，也是半白头发，褴褛的衣裙；提一个破旧的朱漆圆篮，外挂一串纸锭，三步一歇的走。忽然见华大妈坐在地上看他，便有些踌躇，惨白的脸上，现出些羞愧的颜色；但终于硬着头皮，走到左边的一座坟前，放下了篮子。

㉚ 那坟与小栓的坟，一字儿排着，中间只隔一条小路。华大妈看他排好四碟菜，一碗饭，立着哭了一通，化过纸锭；心里暗暗地想："这坟里的也是儿子了。"那老女人徘徊观望了一回，忽然手脚有些发抖，跄跄踉踉退下几步，瞪着眼只是发怔。

㉛ 华大妈见这样子，生怕他伤心到快要发

狂了；便忍不住立起身，跨过小路，低声对他说：“你这位老奶奶不要伤心了，——我们还是回去罢。”

㉜ 那人点一点头，眼睛仍然向上瞪着；也低声吃吃的说道，“你看，——看这是什么呢？”

华大妈跟了他指头看去，眼光便到了前面的坟，这坟上草根还没有全合，露出一块一块的黄土，煞是难看。再往上仔细看时，却不觉也吃一惊；——分明有一圈红白的花，围着那尖圆的坟顶。

㉝ 他们的眼睛都已老花多年了，但望这红白的花，却还能明白看见。花也不很多，圆圆的排成一个圈，不很精神，倒也整齐。华大妈忙看他儿子和别人的坟，却只有不怕冷的几点青白小花，零星开着；便觉得心里忽然感到一种不足和空虚，不愿意根究。那老女人又走近几步，细看了一遍，自言自语的说，“这没有根，不像自己开的。——这地方有谁来呢？孩子不会来玩；——亲戚本家早不来了。——这是怎么一回事呢？”他想了又想，忽又流下泪来，大声说道：——

“瑜儿，他们都冤枉了你，你还是忘不了，伤心不过，今天特意显点灵，要我知道么？”他四面一看，只见一只乌鸦，站在一株没有叶的树上，便接着说，“我知道了。——瑜儿，可怜他们坑了你，他们将来总有报应，天都知道；你闭了眼睛就是了。——你如果真在这里，听到我的话，——便教这乌鸦飞上你的坟顶，给我看罢。”

㉞ 微风早经停息了；枯草支支直立，有如铜丝。一丝发抖的声音，在空气中愈颤愈细，细到没有，周围便都是死一般静。两人站在枯草丛里，仰面看那乌鸦；那乌鸦也在笔直的树枝间，缩着头，铁铸一般站着。

㉟ 许多的工夫过去了，上坟的人渐渐增多，几个老的小的，在土坟间出没。

㊱ 华大妈不知怎的，似乎卸下了一挑重担，便想到要走；一面劝着说，“我们还是回去罢。”

㊲ 那老女人叹一口气，无精打采的收起饭菜；又迟疑了一刻，终于慢慢地走了。嘴里自言自语的说，“这是怎么一回事呢？……”

㊳ 他们走不上二三十步远，忽听得背后

“哑——”的一声大叫；两个人都竦然的回过头，只见那乌鸦张开两翅，一挫身，直向着远处的天空，箭也似的飞去了。

指导大概

本篇是短篇小说。正题旨是亲子之爱，副题旨是革命者的寂寞的悲哀。这故事是在清朝的末年，那时才有革命党；本篇第三段“这大清的天下是我们大家的”一句话，表示了革命党的主张，也表示了朝代。这故事是个小城市的故事，出面的人物也都是小城市的人物。那时代的社会还是所谓封建的社会；这些人物，这些人物的思想，自然充满了封建社会的色彩。从华老栓到夏四奶奶，都是如此。

故事只是这样：小茶馆的掌柜华老栓和华大妈夫妇只有小栓一个儿子，像是已经成了年。小栓生了痨病，总不好。老夫妇捡到一个秘方，人血馒头可以治好痨病。老栓便托了刽子手康大叔；当然，得花钱。刚好这一个秋天的日子，杀一个姓夏名瑜的革命党，老栓去向康大叔买回那人血馒头，让小栓吃了。小栓可终于没有好，死了。那夏瑜是他的三伯父夏三爷告了密逮着的。夏瑜很穷，只有一个老母亲，便是夏四奶奶。他在牢里还向管牢的红眼睛阿义宣传革命，却挨了两个嘴巴。夏三爷告密，官厅赏了二十五两银子。一般人没有同情那革命党的。他是死刑犯人，埋在西关外官地上；华家是穷人，小栓也埋在那里。第二年清明，华大妈去上坟，夏四奶奶也去。夏四奶奶发现儿子坟上有一个花圈，却不认识是什么，以为他让人冤枉死了，在特意显灵呢。华大妈瞧着夏四奶奶发怔，过去想安慰她；看见花圈，也不认识，只觉得自己儿子坟上没有，“感到一种不足和空虚”㉝。她终于劝着夏四奶奶离开了坟场。

本篇从“秋天的后半夜”①老栓忙着起来去等人血馒头开场。第一段说到馒头到了手为止。第二段说老栓夫妇商量着烧那馒头，直到看着小栓吃下去。第三段康大叔来到茶馆里，和老栓夫妇谈人血馒头；从馒头谈到了那革命党。这却只是茶客们和他问答着、议论着。这两段里都穿插着小栓的病相。第一段的时间是后半夜到天明；第二、三段只是一个早上。第四段是第二年清明节的一个早上，华大妈去上儿子的坟，可见小栓是死了。夏四奶奶也去上儿子的坟，却有人先已放了一个花圈在那坟上。第一段里，主要的是老栓的动作；第二段里是华大妈的。第三段里主要是康大叔和茶客们的对话。第四段里主要的却是夏四奶奶的动作。

老栓和华大妈都将整个儿的心放在小栓的身上，放在小栓的病上。人血馒头只是一个环；在这以前可能还试过许多方子，在这以后，可能也想过一些法子。但只这一环便可见出老夫妇爱儿子的心专到怎样程度，别的都不消再提了。鲁迅先生没有提"爱"字，可是全篇从头到尾都见出老夫妇这番心。他们是穷人，不等到第四段说小栓埋在"穷人的丛冢"㉗里我们才知道，从开始一节里"华老栓"这名字，和"遍身油腻的灯盏""茶馆的两间屋子"，便看出主人公是穷人了。穷人的钱是不容易来的，更是不容易攒的。华大妈枕头底下那一包洋钱，不知她夫妇俩怎样辛苦才省下来的。可是为了人血馒头，为了儿子的病，他们愿意一下子花去这些辛苦钱。"华大妈在枕头底下掏了半天"，才掏出那包钱。老栓"抖抖的装入衣袋，又在外面按了两下”②。他后来在丁字街近处的那家铺子门边站着的时候，又“按一按衣袋，硬硬的还在”⑤。这些固然见出老夫妇俩钱来的不易，他们可并不是在心疼钱。他们觉得儿子的命就在那人血馒头上，也就在这包钱上；所以慎重地藏着，慎重地装着，慎重地守着。这简直是一种虔敬的态度。

老栓夫妇是忙人，一面得招呼茶客们，一面还得招呼小栓的病。他们最需要好好地睡。可是老栓去等馒头这一夜，他俩都没有睡足，也没有睡好；所以第二天早上两个人的眼眶都围上一圈黑线⑰⑲。那花白胡子甚至疑心老栓生了病⑰。这一夜老栓其实不必起来得那么早，连华大妈似乎都觉得他太早了一些，所以带点疼惜的说，“你就去么？”②但是这是关系儿子生命的大事，他怎敢耽误呢！大概他俩惦记着这件大事，那上半夜也没有怎样睡着，所以第二天才累得那样儿。老栓出了门，到了丁字街近处那家关着门的铺子前面立住，“好一会”④，才有赶杀场的人“从他面前过去”⑤，他确是太早了一些。这当儿华大妈也不会再睡。她惦记着、盼望着；而且这一早收拾店面是她一个人的事儿。老栓出门前不是叫了小栓“你不要起来。……店么？你娘会安排的”②。“老栓走到家，店面早经收拾干净，一排一排的茶桌，滑溜溜的发光”⑪，可见她起来也是特别早的。两夫妇一个心，只是为了儿子。

老栓是安分良民，和那些天刚亮就起来赶杀场的流浪汉和那些刽子手不是一路。他们也看出他的异样，所以说，“哼，老头子。”“倒高兴。……”⑤“这老东西……”⑨，他胆儿小，怕看杀人，怕见人血，怕拿人血馒头。他始终立在那铺子的檐下，不去看杀场。固然他心里只有儿子的病，没心赶热闹去；害怕可也是一半儿。他连那些去看杀人和那杀人的人的眼光都禁不起⑤⑧，他甚至看见那杀人的地方——丁字街——听见讥讽他也来看杀人的话，都“吃一惊”④⑤，何况是杀人呢？人血馒头是那刽子手送到他面前来的。他还不敢接那“鲜红的馒头”⑧，是那刽子手扯下他的灯笼罩，塞给他，他才拿着的。这人血馒头本该“趁热的拿来，趁热吃下”⑳，可是老栓夫妇害怕这么办。“两个人一齐走进灶下商量了一会”⑫，才决定拿一片老荷叶“重新包了那红的馒头”⑫，和那“红红白白的破灯笼，一同塞在灶里”⑫，烧了给小栓吃。他们不但自己害怕，还害怕小栓害怕，所以才商量出这个不教人害怕的办法来。他们硬着头皮去做那害怕的事儿，拿那害怕的东西，只是为了儿子。但他们要尽可能地让儿子不害怕，一来免得他不敢吃，二来免得他吃下去不舒服。所以在重包馒头的时候，华大妈“慌忙说：‘小栓——你坐着，不要到这里来’”⑫。她正是害怕小栓看见“那红的馒头”⑫。——但那是人血馒头，能治病，小栓是知道的。

老栓夫妇唯一关心的是小栓的病。老栓起来的时候，小栓醒了，“里边的小屋子里，也发出一阵咳嗽”②，他出门的时候，吹熄灯盏，特地走向里屋子去。小栓又是一通咳嗽。老栓“候他平静下去，才低低的叫”他不要起来，店面由他娘收拾去②。“听得儿子不再说话，料他安心睡了”③，老栓才出了门。一个做父亲的这样体贴儿子，也就算入微了。母亲自然更是无微不至。重包馒头时华大妈那句话，上节已引过了。她和小栓说话，给小栓做事，都是“轻轻”的。第二段第三段里见了三回：一回是“轻轻说”⑭，一回是“候他气喘平静，才轻轻的给他盖上了满幅补钉的夹被”⑯，又一回是“轻轻的问道”㉓，老栓固然也是“低低的叫”，但那是在夜里，在一个特殊境地里。华大妈却常是“轻轻”的，老是“轻轻”的，母亲的细心和耐性是更大了。

老栓夫妇是粗人，自然盼望人血馒头治好小栓的病，而且盼望马上治好。老栓在街上走的时候，“仿佛一旦变了少年，得了神通，有给人生命的本领似的，跨步格外高远”③。他的高兴，由于信和望。他拿到那馒头的时候，听得有人问他话。“但他并不答应；他的精神，现在只在一个包上，仿佛抱着一个十世单传的婴儿，别的事情，都已置之度外了。他现在要将这包里的新的生命，移植到他家里，收获许多幸福”⑩。这是一种虔敬的信和望。华大妈的信和望和老栓其实不相上下。“老栓走到家”的时候，她“从灶下急急走出，睁着眼睛，嘴唇有些发抖”，问：“得了吗?”⑪只这半句话，便是她的整个儿的心。后来她和小栓说，“吃下去罢，——病便好了”⑭。又说，“睡一会罢，——病便好了”⑯。她盼望小栓的病便会好的。所以小栓又在吃饭的时候，她便“跟着他走，轻轻的问道，‘小栓你好些么？——你仍旧只是肚饿？’”㉓“仍旧”这个词表示她的失望，也就是表示她的盼望。她不高兴“听到‘痨病’这两个字”⑳，也由于她的盼望；她盼望小栓不是“痨病”。她知道他是，可是不相信他是，不愿意他是，更不愿意别人说他是“痨病”。老栓和她一样的盼望着小栓不是“痨病”，可是他走到家，看见小栓坐着吃饭的样子，“不免皱一皱展开的眉心”⑪。他是男人，自然比华大妈容易看清楚现实些，也比她禁得住失望些。但是他俩对于那个人血馒头却有着共同的信和望。小栓吃下那馒头的时候，“一面立着他的父亲，一面立着他的母亲，两人的眼光，都仿佛要在他身里注进什么又要取出什么似的”⑮。

老两口子这早上真高兴。老栓一直是“笑嘻嘻的”。那花白胡子说了两回：一回在康大叔来到茶馆之前，他说，“我想笑嘻嘻的，原也不像……（生病）”⑰。一回在康大叔来到之后，他说，“怪不得老栓整天的笑着呢”㉑。老栓如此，华大妈可想而知。康大叔来到的当儿，老栓“笑嘻嘻的听”，华大妈也“笑嘻嘻的送出茶碗茶叶来，加上一个橄榄”⑲；他俩的笑出于本心。后来康大叔说出“痨病”那两个字，华大妈听到“变了一点脸色”，“但又立刻堆上笑，搭讪着走开了”⑳，那笑却是敷衍康大叔的。敷衍康大叔，固然也是害怕得罪这个人，多一半还是为了儿子。她谢康大叔的那一句话⑳，感激是真的。他们夫妇俩这早上只惦着馒头，只惦着儿子；很少答别人的话——自然，忙也有点儿。老栓不答应路上人的问话，上文已提过了。烧馒头的时候，驼背五少爷接连问了两回，老夫妇都没有答应；虽然“老栓匆匆走出，给他泡上茶”⑬。花白胡子问，“老栓，你有些不舒服么？——你生病么？”他也只答了“没有”两个字⑰，就打住了。连康大叔来，他都没有说一句话。这早上他夫妇答别人的话只有华大妈的一句和他的半句。奇怪的是，他们有了那么一件高兴的事儿，怎么不赶紧说给人家听呢？——特别在花白胡子向老栓探听似的问着的时候。也许因为那是一个秘方，吃了最好别教人家知道，更灵验些；也许因为那是一件罪过，不教人家知道，良心上责任轻些。若是罪过，不但他俩，小栓也该有分儿。所以无论如何，总还是为了儿子。

小栓终于死了。不用说，老夫妇俩会感到种种“不足和空虚”。但第二年清明节，去上坟的却只有华大妈一个人。这是因为老栓得招呼店面，分不开身子。他俩死了儿子，可还得活下去。茶馆的生意是很忙的。第三段里说，“店里坐着许多人，老栓也忙了，提着大铜壶，一趟一趟的给客人冲茶”⑰，驼背五少爷也说，“老栓只是忙”⑱，他一个人是忙不开的，得华大妈帮着。所以这一日“天明未久”㉘，她便去上坟，为的是早点回来，好干活儿。她在小栓坟前“哭了一场，化过纸，呆呆的坐在地上；仿佛等候什么似的，但自己也说不出等候什么”㉘。儿子刚死在床上，也许可以不相信，也许还可以痴心妄想地等候他活转来；儿子死后，也许可以等候他到梦里相见。现在是“天明未久”在儿子的坟前，华大妈心里究竟在等候着些什么呢？或者是等候他“显点灵”罢？“微风起来，吹动她短发，确乎比去年白得多了”㉘。半年来的伤心日子，也够她过的了。华大妈如此，老栓也可想而知。她后来看着夏四奶奶在哭，“心里暗暗地想，‘这坟里的也是儿子了’”㉚。所以在夏四奶奶发怔的时候，“便忍不住立起身，跨过小路，低声”劝慰㉛。这种同情正是从“儿子”来的。后来见夏家儿子坟顶上“分明有一圈红白的花”围着㉜，“忙看他儿子和别人的坟，却只有不怕冷的几点青白小花，零星开着”㉝。夏家儿子的坟确有些与众不同，小栓的似乎相形见绌。这使她“忽然感到一种不足和空虚，不愿意根究”㉝。她是在羡慕着，也妒忌着，为了坟里的儿子。但是她还同情地陪着夏四奶奶，直到“上坟的人渐渐增多”㉟，才“想到要走”㊱。她早就该回茶馆帮老栓干活儿，为了同病相怜，却耽搁了这么久，将活儿置之度外。她整个儿的心，还是在“儿子”身上。——以上是亲子之爱正题旨。

副题旨是革命者的寂寞的悲哀。这只从侧面见出。那革命党并没有出面，他的故事是在康大叔的话里，和夏四奶奶的动作里。故事是从那人血馒头引起的。第三段里那花白胡子一面和老栓说（那时华大妈已经“搭讪着走开了”⑳），“原来你家小栓碰到了这样的好运气了”，“一面走到康大叔面前，低声下气的问道，‘康大叔——听说今天结果的一个犯人，便是夏家的孩子，那是谁的孩子？究竟是什么事？’”㉑从这几句话里可以见出那位革命党的处决，事先是相当秘密的；大家只知道那是“夏家的孩子”，犯了不寻常的死罪而已。难怪康大叔刚进茶馆“便对老栓嚷道”：——

“你运气，要不是我信息灵……”⑱。那“信息”自然也是秘密的。他回答花白胡子的第一问：“谁的？不就是夏四奶奶的儿子么？那个小家伙！”接着说：“这小东西不要命，不要就是了。我可是这一回一点没有得到好处；连剥下来的衣服，都给管牢的红眼睛阿义拿去了。——第一要算我们栓叔运气；第二是夏三爷赏了二十五两雪白的银子，独自落腰包，一文不花”㉒。这些话并不是回答花白胡子，只是没有得到什么好处，自己有点牢骚罢了。夏三爷独得“二十五两雪白的银子”，康大叔羡慕这个。他自然不会忘记老栓的那包洋钱，可是比起“二十五两雪白的银子”，那就不算什么了。何况那是“一手交钱，一手交货”⑧。而且是他“照顾”⑳老栓的，怎能算是他的好处！他说“信息灵”，他说运气了老栓⑱，“第一要算我们的栓叔运气”，都是要将人情卖在老栓的身上。但就故事的发展说，这一节话却是重要的关键。那革命党是不出面的。他的故事中的人物，全得靠康大叔的嘴介绍给读者。这儿介绍了夏四奶奶，第四段里那老女人便有着落了。那儿不提起“夏四奶奶”，是给华大妈留地步；那一段主要的原是夏四奶奶的动作，假如让华大妈分明地知道了那老女人就是夏四奶奶，那必露出一番窘相。那会妨碍故事的发展。但他听了那老女人“他们都冤枉了你”㉝一番话之后，好像也有些觉得了；“似乎卸了一挑重担”那一句便是从这里来的。这里又介绍了牢头红眼睛阿义和那告官的夏三爷；这些是那片段的故事的重要角色。但康大叔并没有直接回答花白胡子的第二问，他只说“这小东西也真不成东西！关在牢里！还要劝牢头造反”㉔。“关在牢里，还要劝牢头造反”，没“关在牢里”的时候，不用说是在“造反”了，这还不该杀头之罪吗？不但他该杀头，夏三爷要是“不先告官”，连他也会“满门抄斩”呢㉔。这就是回答了花白胡子了。至于详细罪状，必是没有“告示”；大约只有官知道，康大叔也不会知道的。

康大叔提到那革命党，口口声声是“那个小家伙”㉒，“这小东西”㉒㉔，“贱骨头”㉕。那革命党向红眼睛阿义说过“这大清的天下是我们大家的”；康大叔说这不是“人话”㉔。一面还称赞“夏三爷真是乖角儿”㉔。红眼睛阿义是他一流人，第一是想得好处。他原知道那革命党“家里只有一个老娘，可是没有料到他竟会那么穷，榨不出一点油水，已经气破肚皮了；他还要老虎头上搔痒，便给他两个嘴巴”㉔。这儿借着阿义的口附带叙述了那革命党家中的情形。康大叔和阿义除了都想得到好处之外，还都认为革命党是“造反”，不但要杀头，而且有“满门抄斩”之罪。他们原是些做公的人，这样看法也是当然。那热心的革命党可不管这个，他宣传他的。阿义打他，他并不怕，还说“可怜可怜”呢㉕。革命者的气概从此可见。但是一般人是在康大叔阿义这一边儿。那二十多岁的茶客听到说“劝牢头造反”，道，“阿呀，那还了得！”“很现出气愤模样”㉔。那驼背五少爷听到“给他两个嘴巴”，便“忽然高兴起来”，说，“义哥是一手好拳棒，这两下，一定够他受用了”㉔。那花白胡子听到康大叔“还要说可怜可怜哩”㉕那句话，以为那革命党是在向阿义乞怜了，便看不上他似的道，“打了这种东西，有什么可怜呢？”㉕经康大叔矫正以后，他“恍然大悟似的说”，“阿义可怜，——疯话，简直是发了疯了”。那二十多岁的人“也恍然大悟的说”，“发了疯了”。那驼背五少爷后来也“点着头说”，“疯了”㉖。他们三个人原先怎么也想不到“可怜可怜”是指阿义说的，所以都是“恍然大悟”的样子。那三个茶客代表各种年纪的人。他们也都相信“造反”是大逆不道的；他们和康大叔和阿义一样，都觉得“那小东西也真不成东西”㉔，而且“简直是发了疯了”。——“疯子”这名目是“吃人”的巧妙的借口；这是封建社会的“老谱”。《狂人日记》里也早已说过了的。——这就无怪乎夏家的亲戚早不上他家来了㉝。（夏四奶奶“亲戚本家早不来了”这句话里的“来”字不大清楚；若说“来往”，就没有歧义了。）其实就是夏四奶奶，她对于革命党的意见，也还是个差不多。不过她不信她儿子是的。她说，“瑜儿，他们都冤枉了你”，又说，“可怜他们坑了你”。她甚至疑心他坟顶上那“一圈红白的花”是“特意显灵”要她知道的。她是爱她的儿子，可是并没有了解她的儿子。革命者是寂寞的，这样难得了解和同情的人！幸而，还不至于完全寂寞，那花圈便是证据。有了送花圈的人，这社会便还没有死透，便还是有希望的。鲁迅先生在《呐喊·自序》里说，他不愿意抹杀人们的希望，所以“不恤用了曲笔平空添上”一个花圈在瑜儿的坟上。这是他的创作的态度。第四段是第一个故事的结尾，尤其是第二个故事的结尾。这里主要的是夏四奶奶的动作；可是用了“亲子之爱”这个因子，却将她的动作和华大妈的打成一片了。

通常说短篇小说只该有“一个”题旨，才见得是“经济的”。这句话不能呆看。正题旨确乎是只能有“一个”，但正题旨以外不妨有副题旨。副题旨若能和正题旨错综糅合得恰到好处，确有宾主却又像不分宾主似的，那只有见得更丰厚些，不会松懈或枝蔓的。这一篇便可以做适当的例子。再有，小说虽也在叙述文和描写文类里，跟普通的叙述文和描写文却有些不同之处。它得有意念的发展。普通的叙述文和描写文自然也离不了意念；可得跟着事实，不能太走了样子，意念的作用不大。小说虽也根据事实，却不必跟着事实；不但选择有更多的自由，还可以糅合融铸，发展作者的意念。这里意念的作用是很大的。题旨固然是意念的发展，取材和词句也都离不了意念的发展。即使是自然派的作家，好像一切客观，其实也还有他们的意念。不然，他们为什么写这种那种故事，为什么取这件那件材料，为什么用这些那些词句，而不写、不取、不用别的，就难以解释了。这种意念的发展在短篇小说里作用尤其大。短篇小说里意念比较单纯，发展得恰当与否最容易见出。所谓“经济的”便是处处紧凑，处处有照应，无一闲笔；也便是意念发展恰到好处。本篇题旨的发展，上文已经解析。取材和词句却还有可说的。

本篇副题旨的取材，《呐喊·自序》里的话已够说明。鲁迅先生的创作是在“五四”前后所谓启蒙时代（本篇作于民国八年[①]四月）。他的创作的背景大部分是在清末民初的乡村或小城市里。所谓农村的社会或封建的社会，便是这些。鲁迅先生所以取材于这些，一方面自然因为这些是他最熟悉的，一方面也因为那是一个重新估定价值的时代，他要以智慧的光辉照彻愚蠢的过去。他是浙江绍兴人，他却无意于渲染地方的色彩；这是他在《我的创作经验》[②]一文里曾经暗示了的。本篇的正题旨发展在人血馒头的故事里，正因为那故事足以表现农村的社会——愚蠢的过去。这故事包括三个节目：看杀头、吃人血、坐茶馆。看杀头的风俗代表残酷，至少是麻木不仁。《呐喊·自序》里

① 即1919年。
② 即鲁迅《我怎么做起小说来》一文。

说日俄战争时在日本看到一张幻灯片，是日本人捉着了一个替俄国做侦探的中国人，正在杀头示众，围着看热闹的都是中国人。鲁迅先生很可怜我们同胞的愚蠢，因此改了行，学文学，想着文学也许有改变精神的用处。本篇描写那杀场的观众，还是在这种情调里。这是从老栓的眼里看出："老栓也向那边看，却只见一堆人的后背；颈项都伸得很长，仿佛许多鸭，被无形的手捏住了的，向上提着"⑦。这些观众也真够热心的了。

吃人血的风俗代表残酷和迷信。老栓拿到馒头的时候，"似乎听得有人问他，'这给谁治病的呀？'"⑩可见人血馒头治痨病还是个相当普遍的秘方，这也就是风俗了。老栓和华大妈都信仰这个秘方，到了虔敬的程度。小栓也差不多，他撮起那烧好的黑馒头，"似乎拿着自己的性命一般"⑮。康大叔说了四回"包好！"⑳㉔㉖两回是向老栓夫妇说的，两回是向小栓说的，虽然不免"卖瓜的说瓜甜"，但相信也是真的。那花白胡子也向老栓说，"原来你家小栓碰到了这样的好运气了。这病自然一定全好"㉑。一半儿应酬康大叔和老栓夫妇，至少一半儿也相信。可是后来小栓终于死了！——老栓夫妇虽然相信，却总有些害怕；他们到底是安分良民，还没有那份儿残酷。他们甚至于感觉到这是一桩罪过似的。老栓方面，上文已提过了。第四段里说，“华大妈不知怎的，似乎卸下了一挑重担，便想到要走”㊱。原来她听了夏四奶奶向坟里的儿子一番诉说之后，似乎便有些觉得面前的老女人是谁，她那坟里的儿子又是谁了。想着自己儿子吃过人家儿子的血，不免是一桩罪过，这就是她良心上的“一挑重担”。在两人相对的当儿，夏四奶奶虽然根本未必知道血馒头这回事，可是华大妈的担子却有越来越重的样子。“上坟的人渐渐增多，几个老的小的，在土坟间出没”㉟。夏四奶奶的注意分开了，不只在坟里的儿子和面前的华大妈身上了，华大妈这才“似乎卸下了一挑重担”。老栓夫妇的内疚若是有的，那正是反映吃人血的风俗的残酷的。《狂人日记》里不断提起吃人，固然是指着那些吃人的“仁义道德”说的，可也是指着这类吃人的风俗说的。那儿有“一直吃到徐锡麟”的话，徐锡麟正是革命党。那儿还说“去年城里杀了犯人，还有一个生痨病的人用馒头蘸着血舐”。这些都是本篇的源头——带说一句，本篇的“夏瑜”似乎影射着“秋瑾”；秋瑾女士也是绍兴人，正是清末被杀了的一位著名的革命党。这人血馒头的故事是本篇主要的故事，所以本篇用“药”做题目。这一个“药”字含着“药”（所谓“药”）“药？”“药！”三层意思。

坐茶馆，谈天儿，代表好闲的风气。茶客们有些没有职业的，可以成天的坐着，驼背五少爷便是例子。“这人每天总在茶馆里过日，来得最早，去得最迟”⑬，可以算是茶客的典型。那时就是有职业的人，在茶馆里坐一个上午或一个下午也是常见的。这些人闲得无聊，最爱管闲事。打听新闻，议论长短，是他们的嗜好，也是他们的本领。没有新闻可听，没有长短可论的时候，他们也能找出些闲话来说着。本篇第二段里烧馒头的时候，驼背五少爷问，“好香！你们吃什么点心呀？”没有人答应。可是他还问，“炒米粥么？”仍然没人答应，他这才不开口了。找人搭话正是茶客们的脾气。第三段里那花白胡子看见老栓眼眶围着一圈黑线，便问，“老栓，你有些不舒服么？——你生病么？”老栓回答“没有”。他又说，“没有？——我想笑嘻嘻的，原也不像……”这是“取消了自己的话”⑰。这些都是没话找话的费话。康大叔来到以前，驼背五少爷提到小栓，那是应酬老栓的。康大叔来到以后，花白胡子也提到小栓，那是应酬康大叔和老栓的。这里面也有多少同情，但找题目说话，也是不免的。花白胡子向康大叔一问，这才引起了新闻和议论。那些议论都是传说的，也不负责任的。说来说去，无非是好闲就是了。

本篇的节目，大部分是用来暗示故事中人物的心理的。从上文的解析里可以见出。但在人物、境地、事件的安排上也不忽略。这些也都是意念的发展。第一段和第四段的境地都是静的，静到教人害怕的程度。老栓走到街上，“街上黑沉沉的一无所有”；“有时也遇到几只狗，可是一只也没有叫”③。夜的街真太静了，忽然来了个不出声的人，狗也害怕起来，溜过一边或躲在一边去了；老栓吃了两回惊，一半是害怕那地方，那种人，一半也是害怕那静得奇怪的夜的街。甚至那杀场，也只“似乎有点声音”，也只“轰的一声”⑨；这并不足以打破那奇怪的静。这个静是跟老栓的害怕、杀头和吃人血的残酷应合着的。第四段开场是“层层迭迭”的“丛冢”㉗中间，只放着两个不相识的女人。

那也是可怕的静，虽然是在白天。所以华大妈和夏四奶奶开始搭话的时候都是“低声”㉛㉜；“低声”便是害怕的表现。后来夏四奶奶虽然“大声”向他的瑜儿说了一番话㉝，但那是向鬼魂说的，也不足以打破那个静。那时是：“微风早已停息了；枯草支支直立，有如铜丝。一丝发抖的声音，在空气中愈颤愈细，细到没有，周围便都是死一般静。两人站在枯草丛里，仰面看那乌鸦；那乌鸦也在笔直的树枝间，缩着头，铁铸一般站着”㉞。那“一丝发抖的声音”便是夏四奶奶那节话的余音。后来“上坟的人渐渐增多”，可是似乎也没有怎样减除那个静的可怕的程度。本篇最后一节是这样：“他们走不上二三十步远，忽听得背后‘哑——’的一声大叫；两个人都竦然的回过头，只见那乌鸦张开两翅，一挫身直向着远处的天空，箭也似的飞去了”。这“竦然的”一面自然因为两人疑心鬼魂当场显灵，一面还是因为那坟场太静了。这个静是应合着那丛冢和那两个伤心的母亲的。配着第一段第四段的静的，是第二段第三段的动；动静相变，恰像交响曲的结构一般。

小栓的病这节目，只在第二段开始写得多一些；

那是从老栓眼中见出他的瘦。但在本篇前三段里随时都零星的穿插着。咳嗽、“肚饿”、流汗，构成他的病象。咳嗽最明显，共见了六次②⑮⑳㉓㉖；“肚饿”从吃饭见，流汗也是在吃饭的时候；这两项共同见了两次⑪㉕。这样，一个痨病鬼就画出来了。康大叔是刽子手；他的形状、服装、举动、言谈，都烘托出来他是一个什么样的人。他那“像两把刀”的“眼光”，那“大手”⑧，那“满脸横肉”⑱，高兴时便“块块饱绽”的㉒，已经够教人认识他了，再加“披一件玄色布衫，散着纽扣，用很宽的玄色腰带，胡乱捆在腰间”⑱，便十足见出是一个凶暴的流浪汉。他将那人血馒头送到老栓面前的时候，说的话⑧⑨，以及“摊着”“一只大手”⑧，以及“抢过灯笼，一把扯了纸罩，裹了馒头，塞与老栓，一手抓过洋钱，捏一捏”⑨的情形，也见出是一个粗野的人。他到了茶馆里，一直在嚷⑱⑳，在“大声”说话㉒。他说话是不顾到别人的。他没有顾老栓夫妇忌讳“痨病”这两个字。华大妈“搭讪着走开了”，他还“没有觉察，仍然提高喉咙只是嚷，嚷得里面睡着的小栓也合伙咳嗽起来”⑳。第三段末尾，小栓又在咳嗽，“康大叔走上前拍他的肩膀说：——‘包好！小栓——你不要这么咳。包好！’”这都是所谓不顾别人死活，真粗心到了家。他又是个唯我独尊的人，至少在这茶馆里。那花白胡子误会了“可怜”的意思，他便“显出看不上他的样子，冷笑着说，‘你没有听清我的话’”㉕。在本篇里，似乎只有康大叔是有性格的人，别的人都是些类型。本篇的题旨原不在铸造性格，这局面也是当然的。

第三段里茶客们和康大叔的谈话是个难得安排的断片或节目。这儿似乎很不费力地从正题旨引渡到副题旨，上文也已提到了。谈话本可以牵搭到很远的地方去；但是慢慢地牵搭过去，就太不“经济的”。这儿却一下就搭上了。副题旨的发展里可又不能喧宾夺主，冷落了正题旨。所以康大叔的话里没将老栓撂下；小栓更是始终露着面儿。茶客参加谈话的不能太多，太多就杂乱了，不好收拾了；也不能全是没露过面的，不然前后就打成两橛了。这儿却只有三个人；那驼背五少爷和花白胡子是早就先后露了面的⑬⑰，只加了那“一个二十多岁的人”㉔。“这些人都恭恭敬敬的”⑲“耸起耳朵”㉒听康大叔的话。“恭恭敬敬的”，也许因为大家都有一些害怕这个粗暴的人；“耸起耳朵”，因为是当地当日的新闻，大家都爱听。——那花白胡子去问康大叔的时候，“低声下气的”㉑，也是两方面都有点儿。这样，场面便不散漫，便不漏了。但是谈话平平地进行下去，未免显得单调。这儿便借着“可怜可怜”那句话的歧义引出一番波折来。康大叔“冷笑着”对花白胡子说明以后，“听着的人的眼光忽然有些板滞；话也停顿了”㉕。这是讨了没趣，是满座，不止那三个人。可是花白胡子和那二十多岁的人“恍然大悟”，将罪名推到那革命党身上以后，大家便又轻松了——不是他们没有“听清”康大叔的话，是那革命党“发了疯了”，才会说那样出人意外的话。于是“店里的坐客便又现出活气，谈笑起来”。但这个话题也就到此而止。那悟得慢一些的驼背五少爷“点着头说”的半句“疯了”，恰巧是个尾声，结束了这番波折，也结束了这场谈话。

词句方面，上文已经提到不少，还有几处该说明的。第一段末尾，“太阳也出来了；在他面前，显出一条大道，直到他家中。后面也照见丁字街头破匾上‘古□亭口’这四个黯淡的金字”。这些并不是从老栓眼里看出；这是借他回家那一条大道描写那小城市。匾已破了，那四个金字也黯淡了；其中第二个字已经黯淡到认不出了。这象征着那小城市也是个黯淡衰颓的古城市；那些古旧的风俗的存在正是当然。第二段小栓吃下馒头，“却全忘了什么味”⑮。他知道这是人血馒头，“与众不同”，准备着有些异味；可是没有，和普通的烧馒头一样。烧馒头的味是熟习的，没有什么特别值得注意，所以觉得“全忘了什么味”。这儿小栓似乎有些失望似的。第三段“这康大叔却没有觉察”⑳，“康大叔”上加“这”字是特指。“康大叔”这称呼虽已见于华大妈的话里⑳，但在叙述中还是初次出现，加“这”字表示就是华大妈话里的那个人，一方面也表示就是那凶暴粗野的流浪汉刽子手。又，“夏三爷赏了二十五两雪白的银子”，是官赏了他银子。第四段夏四奶奶“见华大妈坐在地上看她，便有些踌躇，惨白的脸上现出些羞愧的颜色；但终于硬着头皮，走到左边的一座坟前，放下了篮子”㉙。这儿路的“右边是穷人的丛冢”，小栓的坟便在其中，“左边都埋着死刑和瘐毙的人”㉓。夏四奶奶穷，不能将儿子埋在别处，便只得埋在这块官地的左边坟场里。她可不愿意人家知道她儿子是个死刑的犯人。她“天明未久”㉔，就来上坟，原是避人的意思。想不到华大妈比她还早，而且已经上完了坟，“坐在地上看她”。这一来她儿子和她可都得现底儿了。她踌躇，羞愧，便是为此。但既然“三步一歇的走”来了㉙，哪有回去的道理，到底还是上坟要紧，面子上只好不管了；所以她“终于硬着头皮走”过去了。后来她“大声”说的一番话㉝，固然是给她儿子说的，可也未尝没有让华大妈听听的意思——她儿子是让人家“冤枉了”“坑了”，他实在不是一个会犯罪的人。第四段主要的是夏四奶奶的动作。这里也见出她的亲子之爱，她的（和华大妈的）迷信。但本段重心还在那个花圈上。鲁迅先生有意避免“花圈”这个词，只一步一步地烘托着。从夏四奶奶和华大妈的眼睛里看，“红白的花……也不很多，圆圆的排成一个圈，不很精神，倒也整齐”。又从夏四奶奶嘴里说：“这没有根，不像自己开的！”㉟这似乎够清楚了。可是有些读者总还猜不出是什么东西。也许在那时代那环境里，这东西的出现有些意外，读者心理上没有准备着，所以便觉得有点晦。若是将“花圈”这个词点明一下，也许更清楚些。夏四奶奶却看得那花圈有鬼气，两回“自言自语的说”，“这是怎么一回事呢?”㉜㉞但她的（和华大妈的）迷信终于只是迷信，那乌鸦并没有飞上她儿子的坟顶，却直向着远处的天空飞去了。

鲁迅先生关于亲子之爱的作品还有《明天》和《祝福》，都写了乡村的母亲。她们的儿子一个是病死了，一个是被狼衔去吃了；她们对于儿子的爱都是很单纯的。可是《明天》用亲子之爱做正题旨；《祝福》却别有题旨，亲子之爱的故事只是材料。另有挪威别恩孙（Bjornson）的《父亲》，有英译本和至少六个中译本。那篇写一个乡村的父亲对于他独生子的爱，从儿子受洗起到准备结婚止，二十四五年间，事事都给他打点最好的。儿子终于过湖淹死了。他打捞了整三日三夜，抱着尸首回去。后来他还让一个牧师用儿子的名字捐了一大笔钱出去。别恩孙用的是粗笔，句子非常简短，和鲁迅先生不同，可是不缺少力量。关于革命党的，鲁迅先生还有著名的《阿 Q 正传》，那篇后半写着光复时期乡村和小城市的人对于革命党的害怕和羡慕的态度，跟本篇是一个很好的对照。这些都可以参看。